不做话语的终结者
共筑温言之城

武海志◎著

新 华 出 版 社

图书在版编目（CIP）数据

不做话语的终结者：共筑温言之城 / 武海志著. --
北京：新华出版社, 2022.2（2025.2重印）
ISBN 978-7-5166-6183-3

Ⅰ.①不… Ⅱ.①武… Ⅲ.①人际关系-语言艺术-
通俗读物 Ⅳ.①C912.13-49

中国版本图书馆CIP数据核字（2022）第021233号

不做话语的终结者：共筑温言之城
作　　者：武海志

责任编辑：徐文贤　王依然　　　封面设计：刘宝龙
特约编辑：姚丽静

出版发行：新华出版社
地　　址：北京石景山区京原路8号　邮　　编：100040
网　　址：http://www.xinhuapub.com
经　　销：新华书店、新华出版社天猫旗舰店、京东旗舰店及各大网店
购书热线：010-63077122　　　中国新闻书店购书热线：010-63072012

照　　排：六合方圆
印　　刷：大厂回族自治县众邦印务有限公司

成品尺寸：148mm×210mm　1/32
印　　张：6.75　　　　　　　　字　　数：100千字
版　　次：2022年3月第一版　　 印　　次：2025年2月第二次印刷
书　　号：ISBN 978-7-5166-6183-3
定　　价：50.00元

版权专有，侵权必究。如有质量问题，请与出版社联系调换：010-63077124

作者的话

我是一名有声语言艺术工作者,在传媒单位播音岗位工作多年,现主要从事有声语言艺术教学工作。因工作原因,我经常与不同领域、不同地域的人群打交道,在话语的交谈中学到了很多知识,了解了不同地域的风土人情。也许是从事语言艺术工作的原因,我对有声语言有一种说不出的感情,这种感情让我陶醉其中,流连忘返。我感叹中国语言是那么博大精深,从中找到了属于自己的乐趣。

相比普通话,地方语言如果只是声调发生了变化,这种情况我们一般听得懂。天津话会把一声说成类似三声,山东话会把一声说成类似二声,河南话会把二声说成类似四声;

西北话前后鼻音不分，东北话一声调值偏低，湖南地区难分f、h，福建地区说不好平翘舌音。北方人说话比较豪爽，南方人说话比较婉转；与性情直爽的人说话别磨叽，与心思缜密之人说话别随意；与执着之人说话不能太较真，与善谈者说话要多倾听。说话还与人文、学识、职业等息息相关。可以说，说话是一门看不见、摸不着的"学问"。

我是一个80后，在上小学的时候性格比较内向、腼腆且不善于表达，在班级里独自朗读课文都脸红，自我介绍时总是最后一个登台，而且都不知道自己说的什么，有时甚至语无伦次，总觉得在公众面前说话是一件很难的事情，这辈子肯定都说不好。谁知老天跟我开了个玩笑，我阴差阳错地成了一名播音员，也就干一行爱一行了。

我从事有声语言艺术工作二十余年，感觉人与人交流的主要工具——语言也发生了很大变化。我小时候，科技不算发达，电子产品相对匮乏，除了书信之外，人与人之间的交流都是面对面谈话，就像烹饪一桌美食一样，需要慢慢品尝；二十世纪末，人们交流的方式发生了变化，电话拉近了人们交谈的距离并使人们的交流变得方便；二十一世纪初，随着社会不断进步，人们更加忙碌，出现了"快餐文化"，人们面对面交谈的时间大大缩短；现在人们不用现场见面交谈，通过电子产品就能实现视频通话，科技进步拉近了社交距离，但人们的交流方式似乎走向了"线上"模式，看似拉近了距离，实则也拉远了人和人的关系。

以前我们与亲人、朋友把酒言欢，跟家人说说学习工作情况，跟朋友分享彼此的欢乐与悲伤，那时的语言是温情的、带着关怀的。现在呢，大家各忙各的，同在一个城市，如果没有"重要事情"很难见上一面；同住一座楼里的邻居，一年也没说过几句话，有的甚至相互之间根本不认识；亲朋好友聚会往往没说几句话，大家就开始抱着手机低头不语。曾几何时，善于交谈的人们变得"沉默寡言"。

都德的《最后一课》提到，掌握了自己国家的语言就如同掌握了打开希望之门的钥匙，这话一点儿没错。从普及普通话到推广语言艺术，我们国家一直在推动汉语走向全世界，通过语言让世界了解中国，走近中国，体现了国家对语言的重视。

作为一名有声语言艺术工作者，我认为学习普通话及有声语言艺术的最终目的，是促进人与人之间的交流和沟通。这种交流是没有障碍的、顺畅的；这种沟通是愉悦的、和谐的。人与人之间的交流沟通要在以下原则和维度上得以体现：尊重、平等、责任、友善、真诚、谦虚、客观、倾听、包容、方法和幽默。

人不分三六九等、高低贵贱，只有性别、职业、责任不同，每个人都是服务者与被服务者。服务他人或被他人服务时，离不开语言交流，恰当地运用语言，会让人们相处愉悦。所以，说话时让听者舒服，让话题延续是关键，这不仅要有高情商，也需要良好的"语商"。

《不做话语的终结者》主要从传媒人及有声语言艺术工作者的角度"倾听"大千世界的声音，以参与者、旁观者的身份感悟"中国话"的深邃与魅力，分享人们日常交谈中好的方法，总结语言交流中容易被人忽略的小问题，通过话题反映社会热点问题，通过社会焦点折射百姓生活的不同状态，让语言发挥更大的价值。

本书从说话的基本要素展开，逐步延伸到家庭沟通、职场交流、人际交往等各个层面。以讲述小故事的形式与读者进行心灵沟通，引发共鸣，倡导人们营造温馨而有智慧的话语环境，传承中华语言文明，共筑全民温言之城。

本书观点和结论不做道德绑架，只当茶余饭后的一种消遣。

因作者水平有限,不能面面俱到,如有不妥之处请予以批评指正,以便再版改正。

注:书中人物姓名均为化名。

2021 年 3 月 19 日

武海志于北京

目 录 CONTENTS

开 篇　共筑温言之城　/　1
 1. 角度决定态度 / 4
 2. 每个人都是服务者与被服务者 / 6
 3. 剥夺话语权，少了知情权 / 7
 4. 说什么话承担什么责任 / 9
 5. 微笑是传递友好的信号 / 10
 6. 客观评价要360度观察 / 11
 7. 谦虚谨慎才能思路清晰 / 13
 8. 敢留后背只因看到真诚 / 14
 9. 倾听远比口吐珠玑重要 / 15
 10. 互相伤害不如彼此担待 / 17
 11. 抵达终点的路不止一条 / 19
 12. 幽默感也可以后天培养 / 20

第一篇　守护家园　/ 23

（一）家有儿女 / 26

1. 当一面镜子，"照亮"孩子 / 29
2. 做一名出色的领航员 / 30
3. 做出承诺就要说到做到 / 31
4. 自己的孩子是最好的 / 33
5. 你有改变现状的权利 / 35
6. 我愿做你的好朋友 / 36
7. 细心观察比盲目关心更重要 / 37
8. 内紧外松，握好手中的风筝线 / 39

（二）共筑美好 / 41

1. 誓言会成"失言"吗 / 42
2. "另类关心"的应对之道 / 43
3. 家庭需要共同经营 / 45
4. 遇事不要独自担当 / 46
5. 别让生活概念化 / 48
6. 充分交流是维护关系的法宝 / 50
7. 谁应该有选择权 / 51
8. 你不理生活，生活不理你 / 53

（三）璀璨夕阳 / 55

1. 还记得那熟悉的背影吗 / 56

2. 有父母的唠叨最幸福 / 58
3. 莫让"假儿女"钻了空子 / 59
4. 给老年生活更多选择 / 62
5. 想老人所想 / 64
6. 为儿女选择妥协 / 65
7. 高手就在家中 / 67
8. 一个都不能落下 / 68

第二篇　职场生存 / 71

（一）初来乍到 / 74

1. 谨言慎行，言行一致 / 75
2. 洗澡前试试水温 / 77
3. 远离舆论漩涡 / 79
4. 同事之间是工作关系 / 80
5. 管好自己的嘴 / 81
6. 赞别傲，批别恼 / 83
7. 集体活动要参加 / 84
8. 别因说话被投诉 / 86

（二）弦外之音 / 87

1. 不求滴水不漏，但求面面俱到 / 89
2. 读懂他人言语中的客气 / 91

3. 重视每个善意提醒 / 92
4. 用语言艺术化解潜在矛盾 / 94
5. 别有用心会得不偿失 / 96
6. 见招拆招对两面三刀 / 97
7. 弦外之音需认真思考 / 99
8. 面对话里有话，必须坚定立场 / 100

（三）德才兼备 / 102

1. 选择适合自己的道路 / 103
2. 永不自满，边学边干 / 105
3. 自身强大是最好的话语权 / 107
4. 居安思危方能行稳致远 / 108
5. 找一个原谅他人的理由 / 109
6. 互利才能共赢 / 111
7. 新兵需要老兵带 / 112
8. 掌控好说话的距离 / 114

第三篇　人际交往 / 117

（一）"语"你相遇 / 120

1. 你我皆凡人，请说"普通话" / 122
2. 对网络暴力说不 / 124
3. 说话做事别"双标" / 126

4. 生活需要慢半拍 / 127
5. 一味依靠经验识人未必准确 / 130
6. 伤害性不大，侮辱性极强 / 131
7. "真诚"有时需要甄别 / 133
8. 敏感话题有禁忌 / 136

（二）礼尚往来 / 138
1. 与人相处要互相体谅 / 140
2. 别指望别人让着你 / 142
3. 酒能聚情，也能伤情 / 144
4. 了解容易理解难 / 147
5. 有些事情不能说 / 150
6. 谁认识你才重要 / 152
7. 情分与本分弄清楚 / 153
8. 别轻易为他人做主 / 155

（三）"语"你有缘 / 158
1. 爱情需要守护者，也需要引航员 / 159
2. 边走边看边经营 / 161
3. 言语投契的背后是心灵的共鸣 / 163
4. 小"作"怡情，大"作"伤情 / 165
5. 巧妙进攻好过忍让退缩 / 168
6. 清除心中不必要的账本 / 170

7. 不要为了爱情而轻言 / 172
8. 内部矛盾内部解决 / 174

结 篇 细节彰显品格 / 177

1. 我们需要精准的语言表达 / 180
2. 突出重点，提高效率 / 182
3. 掌控好说话时的语气 / 184
4. 选词造句要加以斟酌 / 185
5. 音量和语速要适中 / 186
6. 说话有温度，生活有色彩 / 188
7. 建立信息传递的桥梁 / 190
8. 水满自溢，话满则亏 / 191
9. 有了定位才有方向 / 193
10. 让沟通回归现实 / 195
11. 行事严谨，言语宽松 / 197

写在最后 / 199

开 篇

共筑温言之城

语言是人类交流沟通的第一工具,是推动人类文明进步的使者,它像空气一样,在日常生活中发挥着巨大作用。不同国家、不同种族都有自己的语言,语言的不同区分了地域和民族。说话是用语言来表达意思,它被应用于所有地域和种族,构成人类的共同文明。

说话一词,第一个字是"说"字,第二个字是"话"字,意思是一个人在说,一个人有所回应,这构成了人们语言沟通的模式——说话。所以,"说"与"话"建立了人与人之间的交流。如果甲跟乙说话,乙没有任何回应;或乙给出的回应并非甲想要的;再或者甲说的内容乙不感兴趣、不想听,因此不予以正面回应或不回应,那么这次说话也许就被终结了。人与人交谈时容易出现两种现象:一种是轻松愉快,话题容易延续;一种是疲惫不堪,话题易被终结。看似很简单的语言交流,实则也有"门道",包括说话的态度、角度、技巧和方法等。

国家普及普通话是为了人们能够更好地交流沟通,推广语言艺术是为了人们能够更好地运用祖国的语言。每个人都是语言的使用者,理应维护良好、温和的语言环境和秩序,共筑全民族温言之城。

1. 角度决定态度

在这个多彩的世界，人们需要一双发现美的眼睛，观察美好事物的不同角度，寻找不一样的美感。一名出色的摄影师，除了拥有高超的摄影技术外，最重要的是有一颗爱美之心和能够捕捉美好瞬间的眼睛。全景，一览无余；中景，突出中心；近景，紧抓特点；特写，捕捉细节；角度，构成美丽。

爱美之心，人人皆有，她是人们追寻的精神享受。一句甜蜜的话语，一首抒情的歌曲，一顿浪漫的烛光晚餐，一次快乐的出行，一场精心准备的典礼，无不体现人们对美的追求。

拥有一颗善良的心和一双发现美的眼睛，就能得到美的感受，这属于个人精神享受。而话语的美，表现了说话者的态度，不仅体现了个人对事物的理解，还营造了和谐的交流氛围，使交谈更加融洽。

看事物的角度决定话语的态度。当我们在看待一件事物时，会针对某一点展开思考，以点带面发表言论，表达自己的观点，这一点，就是事物的一个角度，角度不同，观点自然也不同。

有人说话一针见血，表明对事物理解透彻，观察的角度定位准确。如果一个人在表达观点时，同时做到和颜悦色和言语犀利，给人留有一定颜面的同时，还能引起他人共鸣，可以说，这样的表达近乎完美。

人们待人处事，不缺乏态度，但缺少看待问题的角度，角度的高低，决定话语的态度。如一个半红半绿的苹果，当只看到红的那一面，会认为这个苹果是甜的，已经成熟；相反，只看到绿的一面，会觉得苹果是酸的，或者是不熟的果实。也就是，通过视角决定了对事物的认识，由此影响到自己的基本态度。

有一次，我与一位相声演员聊天，他提出了一个非常刁钻的问题，问播音主持与相声同属有声语言艺术，它们有什么不同。我的回答："播音说实话，相声说笑话。"说完看他皱了眉头，我接着说："播音主持，传递信息，实事求是是根本；相声，博人一笑，给人快乐是使命。"话完，那位相声演员满意地点点头。

钻石好看，因为有切面，角度的构成，让它更加耀眼；霞光璀璨，因为色彩斑斓，仰望天空风光无限。生活中，人们面对的事情大大小小，接触的人形形色色，说出的话千千万万，所以，我们要随机应变，找准角度，明确态度，最后表达观点。

不做话语的终结者：说话前只有准确观察，找准角度，才能说出适合的观点。

2. 每个人都是服务者与被服务者

人不分三六九等高低贵贱，只有职业、年龄、性别不同，不论是党政领导还是机关干部，不论是工人还是农民，同样都是服务者与被服务者，在服务他人或者被他人服务时，彼此尊重是前提条件。

作为被服务者，对服务质量的要求会明显提高，维护自身权益的诉求也随之增强；作为服务者，服务意识应该相应提升，自觉做好服务，职责意识理应增强。

去餐厅用餐，一般情况都是客人自主挑选座位，有的餐厅的服务人员为了方便自己，为客人做主安排了指定座位，针对这一现象，有人理解，有人反对。在一家餐厅，剩余座位比较多，服务人员就做了集中安排，这样方便服务客人，也能减少不必要的劳动，大多数人都理解。但有一对恋人，对这一现象很是反感，表达了不满，服务人员不以为意，借口满满，双方发生了争执。争执不下，那对恋人感觉消费者的权益受到侵犯，拨打了投诉电话，服务人员认为他们无理取闹，便报了警。一件小事，两方大动干戈，最后服务人员受到了批评，那对恋人外出就餐的好心情也被破坏了。

类似的事件，不同的人处理，结果也不一样。

一次去南方城市出差，我在一家餐厅里用餐时，一位食客对服务人员召来唤去，言语中流露出花钱就得享受的意思，多少有点儿瞧不起人的样子。那位服务人员一直微笑耐心地服务。后来客人吃完饭结账走人，忘记了座位上的公文包，那位服务人员看到后赶紧出去叫住客人，归还了物品，并让客人现场打开查看，那位客人表示十分感谢，眼里多了一份赞誉，还对刚才的不友好态度道了歉，服务人员欣慰地笑了。是她优秀的职业素养赢得了食客对她的尊重。通过此事，也让那位不尊重别人的食客知道了无论哪种社会角色都该被尊重。

不做话语的终结者：冷语不能冰封温言，但温言能融化冷语。

3. 剥夺话语权，少了知情权

世间有诸多的不平等，权力的不平等，财富的不平等，但言论自由和享受言语交流所带来的轻松愉悦感应该是人人都有权利享有的。可是在现实生活中剥夺他人话语权的现象时有发生。

去年，我写了一首儿童诗歌《命令》，开始几句话是这样的："我的家庭像极了军营，爸妈是长官，随时下命令。这个可以，那个不行,稍有反驳,一起批评,乖乖服从才是我的精明。"这首儿歌写的是家庭教育中出现的现象。

我在与学生们交往中经常听到他们说这样一句话:这件事千万别告诉我爸妈。问其原因回答大致相同,父母肯定不同意,而且还会唠唠叨叨一大堆。想到他们的处境我也表示理解,最重要的是学生们没有做什么出格的事情,比如,偷偷出去玩儿了、买个喜欢的东西了……但作为老师我还是千嘱咐万叮咛,同时也做了"叛徒",悄悄地把学生的去向告诉了家长,让父母有知情权,随时掌握孩子的动态。

这一现象引起了我的思考:剥夺了话语权,就少了知情权。

现实生活中人人都是个体,每个人都有自己的思想,都有话语权,家长与孩子应该敞开心扉,各抒己见,彼此平等沟通,家长予以正确引导,让家庭教育良性循环。不仅在家庭教育中,在职场和人际交往中都应有平等话语权。

这是多年前我看过的一个故事。一位职业经理工作很有水平,唯独说话水平不高,对不同人的说话状态前差后别。对领导言听计从,从不反驳;对下属措辞严厉,不许解释。但他本人却不以为意,根本没当回事。在一次招标采购中,招标披露文案有一处关键信息,下属说出问题所在并给出应对方案，他没有采纳，坚持己见，最终招标失败，受到了单位的惩处。究其原因是他过分自信，不听他人意见，最终酿成了一杯"苦酒"。

不做话语的终结者：话语是信息传播的源头，请不要堵塞言路。

4. 说什么话承担什么责任

人生在世，不同社会身份担当不同的责任。在家庭中，为人父母对孩子要有家庭担当，在工作中作为领导和员工对企业要有职业担当，在社会中作为公民对社会要有社会担当，作为表达者要有言论担当。

百姓中有这样一句话：病从口入，祸从口出。是指说话不能随性，应分别对待。我们现在处于信息爆炸时代，自媒体应运而生，言论自由是每个公民的权利，但言论自由不是信马由缰、捕风捉影、不切实际。病从口入，我们可以去医院看医生。祸从口出，就要承担不当言论带来的祸患。社会中因说话不当而引火烧身的事例不胜枚举，我们应引以为戒。

听人劝吃饱饭，这是局外人对局内人的告诫之声。劝说他人容易，告诫自己很难。每个人都有一副热心肠，也有一颗好奇心，同时拥有一张八卦嘴。别人的事，不管是否与自己有关，如果不问事态发展，不理八方言论，一开口就毫不客气地一番高谈阔论，发表自己的观点，有议论、有感慨、有劝说，一番言论下来，该说的不该说的都说了，完全忘了"说者无心听者有意"这一警示名言，也忽略了人们的断章取义，最后发现自己只是过了嘴瘾，后悔已然来不及。事后幡然醒悟，劝说他人，不如事先告诫自己。

"狼来了"的故事大家都知道，就是一个孩子"童真无邪"的玩笑，把自己的生命断送了，为此他承担了说谎的责任。

不做话语的终结者：语言是一把双刃剑，使用不当容易造成误伤。

5. 微笑是传递友好的信号

人之初，性本善，是说人本性是善良的，但随着年龄的增长、阅历的增加、环境的变化，人善良的本性也会发生些许变化。这种变化不是变坏，而是把善良隐藏起来或者埋没起来了，需要我们把它唤醒。

网上有这样一段视频。地铁上一位小伙子给一位阿姨让座，阿姨先是表示感谢，而后接着说："小伙子，你有三十多岁了吧?我的孩子也三十多了,自己有车,而你还挤地铁呀?"小伙子紧接着说:"阿姨,我是三十多岁了,我买车了,不过买车是给我母亲开,我不想让她挤地铁。"随着小伙子的回话结束,视频也结束了,俩人"友善"的对话也终结了。这段视频是网友导演的一个小段子,其中的对话值得人们深思。

北京下班高峰期,地铁里,一位很疲劳的乘客站了好多站,终于等到空位坐下,坐下后看见一位老者还站着就说:"您好,您坐这里吧。"这位老者回话:"小伙子,谢谢你,我看你挺累的,而且站了好多站,我还有两站就下车了,你坐着吧。"经过再三让座,老者坚持不坐,那位乘客环顾了一下四周安心地坐下了。同样是让座,这个故事的结局却很温馨。

不做话语的终结者:友善的态度理应得到友好的回馈。

6. 客观评价要 360 度观察

当人们观看一件物体时,从不同角度来观察才能看清它的全貌。说话也一样,每个人都有对一件事或一个人评价的权利,如果发表观点时带有强烈的主观意识,那么在客观上就有所偏离。

在播音主持专业"即兴评述"教学时,老师给学生们出了这样一个话题：谈谈百姓的豪华婚礼。有位同学表述时很随性，她说："那是他们自己挣的钱，想咋花就咋花，有什么可谈的。"还有一位同学说："如果我有钱也要办这样的婚礼。"这两位同学发表的观点没错，但带有强烈的主观意识色彩。

第三位同学是这样评论的："如果站在传媒人的角度上，应该从这一社会现象看到折射出来的问题，每个人都有支配自己金钱的权利，办一场盛世婚礼也无可厚非。可是我们国家一直崇尚勤俭节约，反对铺张浪费，我们应该提倡节俭。一场豪华婚礼会在社会上广泛传播，很多人都关注，这其中不乏年轻人，有人为之积极奋斗，有人认为有钱真好，对广大青少年的影响有利有弊。"

第三位同学的观点引起了其他同学的反思，大家认为他比较客观地评价了该事件。

当一个人带着主观色彩去评论他人或一件事的时候，别忘了别人也会用同样的主观色彩评论自己。人人背后议论人，人人背后有人论，所以不要对别人妄加议论。

一个单位里有 A 和 B 关系比较好的两位同事，两人经常聊起自己家庭的事情。一次，A 因家事请假，许久未来上班，引得单位里的同事们议论纷纷，B 也参与了进来，并把他掌握的情况添油加醋地分享给了其他同事，以至于同事间流传了很多流言蜚语。没过几天 A 上班了，得知单位里有传言说他家庭不和睦，同时也知道了谁是造谣者，他非常气愤，没过几天单位里便有了传播流言者的传言。

不做话语的终结者：自驾深度游，说话全方位。

7. 谦虚谨慎才能思路清晰

有句话人们常挂在嘴上：没有对比就没有伤害。因为山外有山，人外有人。所以，人的一生都在学习，学的越多才知道自己会的太少。知己不足者才会求学，求学之人才能保持清晰的头脑，才会不耻下问。井底之蛙永远不知道天有多大。

有一次我邀请我的老师出席某颁奖活动，问老师她的个人介绍怎么写，老师说："只写播音工作者就行。"我说："为什么？有的人都写'大师''泰斗'了，您为什么写得这么简单。"老师答："我认为梅兰芳才是大师，我只是一名播音战线的老兵，不是大师，也不是泰斗。"老师紧接着说："做学问要踏踏实实，不能好高骛远，不能骄傲自满。要学会虚怀若谷。"

去年我出了两本新书想请老师作序，老师没有答应，她说：

"我不会给你写序,原因有二:第一,你是我的学生很多人都知道,不知道的也不认识我是谁。第二,如果你写的书内容没问题,能使读者认可,就更不用写了。"

通过两次与老师的对话让我明白了一个道理,求助他人,不如丰富自己。

人,一路顺风会麻痹自己,人生之路不会一直高奏凯歌。人,逆流而上会踏实上进,才能步步为营。一时的成功,不能代表一世的成就,任何情况下保持一颗踏实的心,说话才能"安稳"。

不做话语的终结者:认清自我,冷静发言。

8. 敢留后背只因看到真诚

幼儿在玩耍时背对妈妈是因为有安全感,士兵在战场上敢把后背留给战友是因为相信,这两种情况都是出自信任。同样,真诚的话语能让人放下防御和戒备。

在外地出差问路,看到一对母女,我走上前去很友好地说:"请问这个地方怎么走?"那位母亲警惕性很高,说了一句"不知道",带着孩子匆匆走了。当时给我感触很深,难道我是坏人吗?友好地问路,得到的是冷漠的回复,人与人之间的信任去哪儿了？我无奈地笑了，想起一句台词"不要和陌生人说话"。经过分析，我认为这位妈妈做得有道理，我也理解，于是拿出手机来导航。跟着导航走了一段路，就看到那对母女向我走来，说："现在借着问路来营销产品或诈骗的特别多，我带着女儿不得不警惕，请您理解。女儿也说，叔叔问路您知道为什么不告诉他。通过观察，确定你是真的问路，我们就回来了。"她们给我指了路后就离开了。这位母亲的做法是给孩子一个答复，世界是美好的。同时也给了我真诚的答复。

是啊，在物欲横流的社会里有人用"真诚"的话语做着假实在的事情，目的是寻求真利益。虚假广告、虚假新闻、非法传销、巧言诈骗等现象出现在日常生活当中，给百姓生活带来困扰，但我们要相信假的真不了，真的假不了。

通过这件事我觉得：真诚从来没有缺席过，只是有时需要甄别。

不做话语的终结者：说话要去伪存真。

9. 倾听远比口吐珠玑重要

相信每个成年人都遇到过这样的事情，当你在阐述观点或发表意见时经常被人打断，思路也会随之被干扰，这种感觉让人非常恼火。究其根本，是我们脱离了秩序。课堂上举手才能发言，给了学生发言权的同时，也能有效维护课堂秩序，尊重老师，也节省时间。像"举手发言"这样的基本秩序随着年龄的增长怎么就被人们遗忘了呢？

人们可能会想，成年人嘛，相互得给面子，打断别人发言这点小事儿不算什么，把大事儿解决了就行。你不纠正，我不纠正，久而久之就成了习惯。殊不知，这种习惯也许会产生不好的影响。

某企业来了一位新员工，是个热心肠，很善谈，大家觉得他性格不错，相处下来都很愉快。时间长了，同事们发现他有一个"特点"，经常打断别人的话，阐述自己的观点。一开始大家都很包容他，后来单位来了一个访问团，他继续发挥这个"特点"，结果遭到了领导的批评。

以前我在做电台谈话节目时接到过这样的热线，热线是一位女士打来的。

她说："主持人，你好！我想说话，你能听我说吗？"

我说："你好，请说吧，我听着。"

她说："我们公司裁员了，我是其中一个，可我房贷没有还完，父母身体不好也需要我照顾。我压力很大，就跟男友说了,男友不久后跟我分手了,说他家人不同意我们的感情。我现在觉得很迷茫,不知道怎么办,也不知道跟谁说,偶然听到电台的谈话节目就试着拨打电话,我想说的说完了,谢谢你的倾听,再见!"

成年人的崩溃从承受不了生活的压力开始,想找个人说说话,可翻遍整个通讯录却找不到一个倾诉的对象,只有自己暗自流泪。为什么找不到说体己话的人呢?那是因为人们不想把弱点告诉别人,不想让自己的负能量影响别人,更不想自己的事情被传播,最后选择了默默承受。

在这里我想问,如果有人想找你倾诉,你愿做一名合格的听众吗?

不做话语的终结者:倾听是对说话者的尊重。

10. 互相伤害不如彼此担待

你说上半句,我能接下半句,这种理解叫懂你。在运动场上,运动员间通过无数次的相互磨合才能培养出默契,从而使比赛一气呵成,这体现了团队精神。现实中每个人都是个体,需要接触不同的人群,与不同人群交往,也需要合作精神。不论购物用餐,还是出行住宿,都要与他人产生合作关系,合作是否愉快取决于我们能否相互理解和包容。

这是我在飞机上遇见的一件事情。三位乘客一起出行，登机后发现值机的座位不在一起，他们想更换座位，于是跟乘务人员提出要求，乘务人员帮助调换未果解释道："先生，抱歉！因本次航班人员已饱和，而且乘客大多是结伴而行，所以，几位先生可以在自己的座位上就座吗？"正常情况下我们肯定表示理解，可是那位先生很不理解。他说："我是你们航空公司的黄金会员，你们有义务满足我的需求，如果连这点儿需求都满足不了，说明你的工作能力不足，我要投诉你。"无奈，几位乘务人员一起帮助解决问题，还是无果。那位乘客不依不饶，还大发雷霆，爆了粗口，可最终还是不得不接受现实，各自入座，但双方的心情肯定是不愉快的。以上事件中，如果乘客多一分理解，事情就截然不同了。

幼儿园里有个小朋友一不小心把水弄到了别人身上，她说："对不起，我不是故意的，我给你擦擦吧。"另一个小朋友说："没关系，我知道你不是故意的，我帮你再接一杯水吧。"

其实人与人交往中，经常因孤陋寡闻而持狭隘偏见，因被人误解而出言不逊，因自己得理而咄咄逼人。我们不能逞匹夫之勇，让事情朝着不好的方向发展，理应换位思考，多理解包容，才能各自愉快。

不做话语的终结者：肚大得减肥，度大是容纳。

11. 抵达终点的路不止一条

人类文明的进步从不是一成不变、按部就班的，它是人类对事物不断研究与创新的结果。研究与创新就需要不同的方法，方法是成功的试金石，治理国家需要，工作学习需要，人际交往更需要。在人类言语沟通中能运用不同方法来表达诉求的人是大智慧者。

有两位学生，都是小学四年级，均为女生，同时跟各自家长表达相同诉求，希望家长不要过分溺爱，给自己留有自由的空间。一位是"拉满弓，使劲攻，打哪儿指哪儿"；一位是"放轻松，言语明，指哪儿打哪儿"。两位同学表达方式不同，结果也不一样。

第一位同学对自己父母日常关心呵护太多产生了反感。具体表现为：生活中什么也不让她做，只让她好好学习，而且事事过问。她觉得父母剥夺了她动手实践的能力，还什么都管。一开始她还竭力忍耐，最后终于爆发，跟父母吵了架。

父母表示不理解，眼中的乖女儿怎么变了一人，且认为自己做得都对，责备孩子身在福中不知福。最终双方受伤。

　　第二位同学面对同样的问题是这样处理的。放学回家，她把妈妈拉到自己的房间说："妈妈，我想跟您说件事。我知道您和爸爸都特别爱我，可是我不能总在你们翅膀的呵护下成长，那样我的翅膀就失去了它的作用了。现在我长大了，有些事情自己能处理了，请给我一些空间，让我试着去处理，如果处理不好你们再帮助我好吗？"妈妈也认为孩子大了，自己力所能及的事情应该自己处理，所以欣然答应了。

　　两位同学在同一件事情上通过不同的表达产生了不一样的结果。一位同学直接表达不满，让事件继续恶化。一位同学讲究方式方法，使问题得到圆满解决。其实，生活处处是风景，需要我们有一双发现美的眼睛。

　　不做话语的终结者：对症下药，才能保证疗效。

12. 幽默感也可以后天培养

　　美学对崇高和荒诞这样界定：悲剧是崇高，喜剧是荒诞。悲剧里的人物命运，往往让人深有感触、刻骨铭心。喜剧的表现手法带有人为的诙谐色彩，没有那么深刻，容易让人遗忘。

也有好多喜剧题材的故事往往反映悲剧命运。所以，生活中悲情之苦更能让人铭心一辈子，愉悦之事只能使人高兴一阵子。

虽然悲剧是崇高的，但人们更喜欢荒诞的喜剧，因为喜剧是生活的调剂。追求幸福的生活是每个人的向往，幸福的生活离不开幽默与智慧。

幽默不是人人都能启齿表达的，它需要在生活中积攒经验，在人生舞台不断历练。我们经常说一个人情商很高，除先天语言表达能力较强之外，大多数都是经过后期锻炼而来。有一位影视演员，他的表达能够随机而变，同时风趣幽默，人们认为他有高情商。其实，一个演员从学习表演到参加演出再到家喻户晓，他已饰演过无数角色，登上过各种舞台，与不同人群打过交道，经过生活的种种洗礼。主持人可以在镜头前侃侃而谈，换作一位没有舞台经验或在镜头前没有说过话的人就不会那么游刃有余了。

那么，话语中的幽默与智慧是什么呢。幽默与智慧，是人们交谈中言语的巧妙与机智，它能化解场面的尴尬，也能表达风趣，使话题愉悦升华。

面对外国访华人员及记者提出的难题，周恩来总理依靠三言两语便巧妙作答，被传为美谈。"你们中国的路为什么叫马路,是给马走的路吗?你们中国人走路为什么总是低着头呢?"周总理答:"我们走的是马克思主义道路,简称'马路'。我们中国人喜欢走上坡路,你们国家的人喜欢走下坡路。"面对记者刁钻且带有侮辱性的问题,周总理的回答巧妙机智,化解了尴尬,表明了立场,还予以了回击,成为我国外交经典语录。

在百姓生活中有很多幽默段子。网上有一段子,妈妈说:"你天天玩手机不学习,以后长大了能干吗?"女儿说:"放羊。"妈妈说:"放羊,你都不知道放了几只。"女儿答:"放一只。"这个小段子的初衷是制造幽默给人带来愉悦,让处在紧张忙碌中的人们得到放松,也是人们追寻幽默与智慧的写照。

不做话语的终结者:百姓生活需要幽默与智慧来"熏蒸"。

第一篇

守护家园

人们都说家是温暖的港湾，疲惫的时候给人以放松，受挫的时候给人以慰藉，家是"欢乐屋"，家是"避难所"。我们祖祖辈辈都为家打拼，都为家奋斗，小家幸福了，祖国的大家才能安定繁荣。金窝银窝不如自己的狗窝，住再好的酒店也不如在自己家里待着舒服，这个家是人们生活的栖息地。"家"由家庭成员及居住房屋构成。

　　家和万事兴是指家庭和睦、团结，这样才能扛住生活的暴风骤雨。小时候我觉得家中充满了温暖，亲人大都住在一个庭院，等长辈下班、小辈放学，大家围坐一起有说有笑，热热闹闹，特别欢乐。街坊邻居都认识，互相串门彼此照应。那时科技不算发达，但人们的距离是近的。长大后，兄弟姐妹为了各自的发展分东离西，到了适婚年龄组建了自己的家庭，都为小家努力着奋斗着，每天早晚奔波不停地忙碌，很难相聚一次。虽然科技迅猛发展，依靠视频通话就能彼此相见，但总找不到儿时家的味道。温暖的家好像变了。

　　后来我意识到，家没有变，是人变了，是人对家的追求变了，人们追求的重心偏离了。随着社会发展，人们对于物质与精神的追求越来越高，不得已加快了奋斗的步伐，在家的时间逐渐减少，与家人的交流也没有那么频繁，总觉得自己的家是牢不可破的。在外对领导和客户笑脸相迎,与朋友交谈甚欢,哪怕是面对陌生人也彬彬有礼。在外各种应酬,回家后成了应付,从笑脸相迎到冷言冷语,从彬彬有礼到随心所欲,长此以往,再牢固的堡垒也会产生裂痕。虽然有句话说,万物皆有裂痕,那是光进来的地方。但如果家产生裂痕,黑暗就会乘虚而入。所以,我们不仅要为家园添砖加瓦,同时也要守护好家园。

守护家园从话语态度开始。

(一)家有儿女

我是二十世纪八十年代出生的,那时很多家庭都有好几个孩子,父母上班,兄弟姐妹相互照应,除了书本教育以外,不知道家庭教育是什么,只知道小孩儿必须听大人的话,犯了错会被打骂。女孩子还好,男孩子多多少少都被"收拾"过,"棍棒之下出孝子"是几代人的思想。那时的小伙伴们都想着有一天能摆脱大人的束缚,盼着快点儿长大,这样就没人管了,什么事就可以自己做主了。

等长大了,社会环境也变了,吃的穿的用的都比以前好了，教育也分家庭教育、学校教育和社会教育。看着现在的孩子们对比儿时的自己，我感触很多，有幸福，也有羡慕。幸福的是自己的童年处于"散养"状态，相对自由；羡慕的是现在的教育真是完善。比如现在的家长很重视家庭教育、学校教育和社会教育相结合，注重孩子们的综合能力和素质培养，孩子们不仅享有强大的教育资源，还得到父母无微不至的关怀。

虽然羡慕，但是看着他们每周要学那么多课程，寒暑假还得上辅导班，一年中没有几天是真正属于他们自己的快乐时间。与同龄人聊天，大家都觉得现在的孩子太难养了，什么都得陪着，平时接送都能克服，一到陪孩子写作业就感到头疼，平日里温和的性格，就像炸药一样，一个火星就能瞬间爆发。不仅要满足孩子的物质需求，言语上还得跟他们斗智斗勇，相互交流沟通也成了问题。

以上是许多父母的心声。孩子们呢，他们的心声又是怎样的？一次主持课，我给学生们(小学三年级)出了一个话题：谈谈你与家长是如何沟通的，围绕生活和学习两方面各抒己见。有的说跟爸妈无话不谈，有的说家长太强势只能顺从，有的表示还好吧，有的表示不顺利。从学生们的言语中我感觉到，他们与家长平日的交流不怎么顺畅，主要表现为观点不同。

　　于是我安排了一次访谈课，让学生们各自邀请一位家长参加，话题是：谈谈你对课外班的看法。学生们轮流做主持人，剩余的学生和家长作为访谈嘉宾。学生们都很拘谨，每当自己发言时都得看看自己家长的脸色，意思是我能说真话吗。家长点头示意，学生又看向我，想得到鼓励。在家长允许及老师的鼓励下，孩子们说出了实情。有的说大多数课外班都喜欢，不喜欢的也是自己比较弱的学科，必须补课；有的说主课都喜欢，兴趣课有的不喜欢，但是家长执意要给自己报名，也没有办法；有的说不喜欢的课就糊弄，家长高兴就行；有的说报的课外班都是与家长商量好的；有的说课外班都是家长自主给报的。

　　学生们说完，家长也谈了他们对课外班的看法。首先家长们表示很惊讶，因为他们从来没有听过孩子们的真实想法。接下来家长们说了自己的观点，从大环境到现实，从意义到期望，表达很充分，阐述很具体。通过这次访谈课，学生与家长相互之间有了更深层的了解，知道了彼此的心声。

1. 当一面镜子,"照亮"孩子

家长是孩子的第一位老师,从咿呀学语到家庭礼仪,都需要家长言传身教,父母就像一面镜子时刻照着孩子。孩子如同一张白纸渴望获取各种知识,书写丰富人生。在白纸上写什么样的字取决于家长,是横平竖直的方块字,还是杂乱无章的潦草字,结果是不一样的。

在幼儿学习阶段,人们主要通过观察模仿来获取相应的知识技能,家长的一言一行都会影响到孩子。有时家长忽略了这一点,在孩子面前无所顾忌,说话办事忘记规避不好的言行举止,殊不知,一双天真的眼睛正在看着你。

在幼儿园教授口才课时,有一位小朋友引起了我的注意,他在不高兴时会说脏话;别人不小心把他的水杯弄到地上了,他会很生气;面对其他小朋友的赔礼道歉他不接受,还说脏话,吵着要新水杯。课后询问了小朋友的家长,家长说平时他们说话都很注意,孩子也很乖,在家里从不说脏话,也不会提出无理的要求。后来她想起一件事,几天前他们带着孩子去超市购物,结账时工作人员动作幅度大,把购买的物品弄坏了而且态度不好,她情急之下与收银员发生了争执,最后值班领导了解了经过,并赔礼道歉,把损坏的物品做了更换。家长觉得这件事没什么,带着孩子离开了,想不到被孩子记住了。

一次小小的疏忽,被孩子学去,又被无限放大,可谓百密一疏。老人们常说,三岁看小,七岁看老,这有深刻的道理,小朋友的行为举止,直接受家长及生活环境影响。望子成龙,望女成凤,是为人父母的夙愿,它不是一句口号,也不是一厢情愿,它需要家长为孩子提供优质的土壤,打造良好的成长环境,用积极阳光的正能量,帮助孩子茁壮成长。

不做话语的终结者:言传身教,取精华去糟粕。

2. 做一名出色的领航员

人的一生在不同时期有不同的"领路人"。灯塔,指引在苍茫的大海上行驶的船只到达港湾;手电筒,让人们在漆黑的夜晚找到家的方向;指南针,唤醒迷失的人们看到希望的曙光;家长,就像导航员随时提供最新的路况,为孩子保驾护航。

每个人都是驾驶员,手里握着属于自己的方向盘。父母不能充当孩子的驾驶员,那样会使孩子少了驾驶体验,体会不到生活的乐趣。所以父母只能做孩子的领航员,规划线路,提供路况,指引方向,让孩子在不同的道路上独立成长。

以上感触源于我的日常教学。在教授朗诵艺术时,我采用最多的教学手法是示范与跟读,因为作品字面意思学生们都能明白,但是不能用准确的情感表达出来,老师没有进行引导而直接示范,孩子就模仿跟读,虽然掌握了这一篇文章的思想感情,当面对新作品时,学生们依然不知如何"下口"。

后来我在教学中加入课程引导与思维拓展,学生们逐渐掌握了不同文字的情感表达,由字词到句段,由句段到文章,在充分理解的前提下,朗诵水平大大提高,自主表达能力也得到加强。比如在学习儿童诗歌时,我把所学诗歌改编成小故事,通过讲故事的方式让学生体会故事中的人物性格,抓住故事的情感脉络,再进行复述,我发现孩子们表现都很优秀。

这个方法同样适用于家庭教育。面对某件事家长尽量不要直接说对与错,通过分析事件引导孩子自己判断,孩子们能清晰辨别好与坏、对与错。这样就提高了孩子认知事物的能力,也达到了沟通交流的目的。

不做话语的终结者:直接给答案,孩子们会少了思考。

3. 做出承诺就要说到做到

人不分年龄大小,都有自己喜欢与追求的事物,只是追求的事物有所不同。孩子盼长大,家长求幸福,老人享安稳。当人们在追求梦想时,我们不能做他们寻梦的拦路者和绊脚石,应在条件允许的情况下,给予物质和精神上的帮助。成年人的梦想,通过自己努力奋斗来实现;孩子们的一些梦想,还需要家长帮助才能实现。只不过孩子的梦想各不相同,需要家长区别对待。

  我记得自己儿时的梦想就很多,大到想当一名警察,小到想拥有一身像样的运动服,今天想要一双运动鞋,明天想要一个玩具车。我现在感悟到人的欲望是又大又多,真正实现的梦想没几个。我小时候体育特别好,就想拥有一身像样的运动服,一次运动会上我拿了八个第一名(其中五个项目是代替别人参加),借着这个理由跟家长说了要一身运动服的事情,父母欣然同意,说好了周六去买。当时给我高兴地几天没睡好觉,一个人偷偷地跑去运动服专卖店看了好几次。周六终于到了,吃完早饭我就迫不及待地跟家长说买运动服的事,爸妈说这周末家里来客人,下周再买吧。当时我就傻了,嘟囔着说:"不是说好今天买吗?答应好了还要变卦……"几句话换来他们说我不懂事。当时就觉得大人们说话为什么总是不算数,好想快点长大。

我想，不管处在哪个年代的孩子，对于大人说话不算数这件事都会感到不快吧。一次两次可以，长久下去就会让大人的形象在孩子的印象里打折扣，更甚者也会影响孩子说话处事。面对孩子的要求，我们要区别对待，不能一味满足，要让他们知道想得到自己所求的东西得用行动去争取，比如学习成绩、做家务等。同时家长答应的事肯定也是经过认真考虑的，所以一定不要出尔反尔。

不做话语的终结者：你我约定，拉钩不变。

4. 自己的孩子是最好的

人的一生都在为自己追求的事物而奋斗，每个人的起点不同，所追寻的事物也不同，只能做到尽量圆满，但不会十全十美。不同的人群所追求的事物，形成一个开放的循环系统，就像城市里居住的人想去乡村感受自然，乡村里居住的人渴望城市的繁华生活，经济较为匮乏的人追求物质享受，物质丰厚的人追求精神享受。这个过程好比在一个圆圈上奔跑，最终还会回到起点。

俗话说："人往高处走，水往低处流。"人们为美好事物而奋斗是常理，但当你的能力不足以撑起自己的"野心"

时，就会徒增烦恼，故而要认真衡量自己的能力。人们常说，没有对比就没有伤害，对比产生伤害是因为落差太大，对比方向出现错误，高与低不在一个水平线上。人们应该对比自己，现在的自己和原来的自己对比，如果各方面都比以前好，就说明进步了，就应该感到满足。

养育孩子也是一样，孩子年幼时家长都认为自己的孩子是最棒的，当孩子步入学校后学习成绩分出了高低，有些家长的心态就变了。在我们周边，经常听到某位家长跟自己孩子说这样的话："你看谁谁谁，不仅学习成绩好，而且其他方面也很好，还不跟家长顶嘴。瞅瞅你，学习跟不上，给你报补习班，要啥给你买啥，你倒是好，现在开始跟我顶嘴了。"

这些话也许是家长无心之言，只是一些牢骚话，但这种对比，给孩子心理造成了极大的伤害。每个孩子都有自己的优点和长处，只要孩子在进步，家长理应多鼓励，让他们继续努力。

不做话语的终结者：对比产生的伤害，不亚于原子弹爆炸产生的威力。

5. 你有改变现状的权利

每个人看世界的角度都不同,孩子眼里满是新奇,成人眼里充满坚毅,老人眼里流露慈爱,悲观消极的人往往关注社会的灰暗面,乐观豁达的人对事物产生美好向往,生活充满坎坷的人觉得社会太复杂,事事如意的人会认为一切很和谐。这些都与人们所处的社会环境与个人经历有关。

人的生命周期是奋斗发展的过程,从无到有,从小到大,从低到高,从弱到强,经过一代代人的拼搏,才有了不断进步的人类文明。

有句老话,穷富不过三代。人们不能选择人生的"起跑线",但能抉择如何去面对生活,改变现状。

有位男生上小学三年级,是我的学生。他家境不算富裕,但是爸爸妈妈很爱他,自己学习成绩也很好,一家三口生活得有滋有味。有次上课我发现他与往常不一样,表现得很被动,情绪很低落。课后单独与他聊天,我才知道,在学校孩子们有互相攀比的现象,比父母的工作、比住房的面积、比家里的汽车等等。看他的状态就知道他有了自卑心理。我问他:"有没有比学习成绩、身体素质和其他才艺技能呢。"他说:"没有。"我接着说:"那你在学习等方面怎么样呢?"他理解了我话语中的意思,一下轻松了很多,露出了久违的笑容。

谈话结束,我与他分享了一句话:人没有选择在哪家出生的权利,但有奋斗拼搏改变现状的权利。

不做话语的终结者:面对疑难问题,用问题解决问题。

6. 我愿做你的好朋友

有种现象家长朋友们会感同身受,孩子们更愿意听老师的话,也喜欢与其他人交谈,哪怕对方是一位友好的陌生人,但是与家长谈话有时会显得不耐心或有抵触情绪。这是为什么?我与学生们聊天得出以下结论,在此与家长们分享。师者,传道授业解惑,是学生获取知识的源头,被学生尊重;与其他人谈话,互相以礼相待,言语和善。孩子与家长日日相见,彼此深入了解,所谈生活琐事最多,因血缘关系,双方都认为谁也离不开谁,表达上就无所顾忌,不管是针尖对麦芒,还是同住一所房,久而久之,习惯了这种表达方式,双方就不以为意了。

人与人之间的谈话状态是由双方的关系来决定的,如父子、夫妻、朋友等等,关系不同,说话的状态会随之变化。家长与孩子是所有关系中最为密切的,血浓于水,谁也无法超越。

可有时最亲密的人往往彼此伤害最深。所以，家长与孩子应建立和谐的语言交谈环境。

有位家长与孩子相处得非常融洽，他们之间无话不谈，就像好朋友一样，彼此敞开心扉，一起谈天说地，平等发表个人观点，互相理解尊重。还有一位家长与孩子的相处截然相反，一个强势，一个倔强，你不理我，我不理你，闹得不可开交，互删聊天好友，彼此只用手机短信交流，互相伤害，彼此痛苦。

我想第一位家长与孩子的相处方式是我们想要的吧。那么从现在起，放下强势，别去抱怨，少点唠叨，多点耐心，多去观察，改变以往的交流方式，建立一个良性循环的沟通桥梁。

不做话语的终结者：建立并维护和谐的对话关系。

7. 细心观察比盲目关心更重要

新生儿在学会说话之前，主要用听觉、视觉与肢体动作与父母交流，从睁开眼睛的那一刻起就具备了观察能力，通过双眼捕捉家长的面部表情，观察未知事物。人在幼儿时观察能力最强，由于自己小小的，他们往往看到的都是小的事物，比如透明的小珠子、好看的小石子。随着年龄的增长，身体器官不断地完善，他们开始关注更大的事物。父母们都新奇地关注着孩子成长的变化，养育方式也从幼儿时期的细心呵护，慢慢转化到青春时期的独立思考能力的培养。

青春期的少年思想活跃，彰显个性，向往自由，经常为一些涉及"自身利益"的观点和事物与家长发生"冲突"，让父母着急上火。这个时期被人们称为"叛逆期"，所以，家长朋友们要格外关注孩子的思想动态和行为举止，用"婴幼儿的眼睛"去捕捉孩子们细小的变化。

有位女学生上高中二年级，平时上课都非常认真，状态特别积极。有次课堂表现一反常态，情绪低迷还总是走神。我问她是不是不舒服，她说估计是最近学习压力太大了，我当时没多想，嘱咐她好好休息。等下次上课再看到她，她明显消瘦很多，而且状态特别不好，但是她坚持上完了课。课后她说要请假，我同意了，并再次嘱咐她别给自己太大压力，身体最重要。全天课结束，我回到家吃完饭，随手拿起手机看看大家的动态，第一条映入眼帘的是请假学生发布的信息，只写了一句"祝你幸福"。当时我的第一判断是学生谈恋爱了，分手了，难受了。接下来一段时间我一直关注她的动态，她所发信息大都与"情感"有关，于是我跟家长联系，让他们关注一下孩子发的动态，结果学生所发的动态屏蔽了自己的父母。

　　青春期的少年情窦初开，情感处于懵懂阶段，互相只是好感，这时要给予他们积极的引导和帮助。我建议家长：既要尊重孩子，又要假装不知道孩子的事情。我创造了一次与学生谈心的机会，经过面对面交谈，学生感觉好多了，她知道了这种"情感"是每个人都要面对的，没过多久就走出了阴霾。

　　青春期是每个少年的特定成长时期，需要家长时时关注孩子的各种动态，遇到问题不要指责批评，要积极引导和帮助，共同度过这个美好的时期。

　　不做话语的终结者：特定时期，特殊对待。

8. 内紧外松，握好手中的风筝线

　　孩子就像精灵，天性活泼，喜欢搞怪，对未知事物有强烈的好奇心，但辨识危险能力相对较弱，这一直是摆在家长面前的难题。有的家长把孩子管得死死的，事事过问，桩桩做主，让他们不能自由呼吸，也有家长对孩子娇惯成性，听之任之，任由他们随波逐流。

　　有两位男生，都上高三，跟我一起学习播音主持专业，准备参加艺术类高考。在第一次上课前，我都会与家长沟通，

了解孩子的相关情况。一位家长说得特别具体，另一位家长则寥寥几句。课程开始后，我与第一位家长经常见面，因为每次上课家长都会接送，并拿着水杯、书包、水果、遮阳伞，开始上课后她就去车上坐等孩子下课。我与另一位家长就见过两面，分别是课程开始和结束。

课上练习"即兴评述"，话题是自由。一位学生说他没有自由，任何事都是父母安排好的，每天穿什么衣服都由家长挑选，看似对他好，但让他感觉每天生活在牢笼里；另一位学生说，他非常自由，爸妈都特别忙，根本顾不上他，什么事都自己做主，他们按时给他钱，他想干什么就干什么。

这个话题，让两个大男孩儿有了共同语言，成了朋友。后来两人各自去对方家里做客，主动与家长谈了他们关于"自由"的观点，家长也由此做出了改变。

通过教学时与不同年龄的学生相处让我受益，他们纯洁、善良的天性时刻打动着我，每个成年人都从童年走过，我们应该珍惜并享受与孩子们相处的欢乐时光，因为他们在不经意间就长大了。

不做话语的终结者：与孩子说话，要成为一种享受。

（二）共筑美好

人们都说婚姻是爱情的坟墓，我认为，婚姻是爱情的延续和升华，婚姻不只为了传宗接代，让生命得以延续，更是让人享受"为人"的快乐，让人在短暂的历史岁月中得以圆满。

世上的自然事物都拥有巨大力量，蚂蚁能扛起比自己身体重几十倍的东西，大象能把粗壮的大树连根拔起，一粒种子能穿破坚硬的石壁破土而出，狂风暴雨能摧毁一切美好，地震海啸能磨灭万物生灵。

人类能在自然界生存，不光靠智慧和双手，更是因为她拥有比自然界更强大的力量，这种力量是无形的，她凌驾于万物之上。民族的力量能抵抗外侮，团结的力量能重建家园；族系世代延续是亲情的力量，不同人走在一起是友情的力量，人们繁衍生息是爱情的力量。

情感的力量是人类拥有的最大财富，爱情是众多情感力量的源头。爱情让人们走进婚姻，承载家庭，孕育生命，生生不息。家是人们奋斗的力量源泉，也是人们大后方的安全地、落脚点，不管离家多远多久，只要有家的支撑就能使力量无限。夫妻二人共同用肩膀和双手撑起家庭,是家的"顶梁柱",任何一方出现问题,都会威胁到家的安全,所以要共筑美好,守护家园。

1. 誓言会成"失言"吗

久旱逢甘露,他乡遇故知,洞房花烛夜,金榜题名时,是古人总结的人生四大喜事。不管在哪个年代,洞房花烛夜都是人生的最大喜事。当新郎新娘身穿精致礼服携手走进婚礼现场的时候,所有亲朋好友都前来祝福,共同见证一对新人爱情的美好。那一刻,新郎新娘在亲友的注目下,说出的"不管生活经历什么暴风骤雨都携手一起走过"的爱情誓言,感动着在场的每一位见证者。那一年,那一天,你,还记得吗?

有一位老人为了一句话,等了一辈子,守护了一辈子。这位老人是一位烈士遗孀,在她新婚后的第三天,丈夫就要去前线参加战斗,临走前只说了一句话,等着我回来。丈夫走后,这句话被烙刻在妻子的心中,一年,两年,三年,从青年到中年,从青丝到白发,足足等了一辈子。妻子每天都踩着家里几十厘米高的门槛,望向丈夫远走的方向,盼着他能够归来,长年累月门槛被踩出一个豁口,妻子思念丈夫哭瞎了双眼。

只为了一句没有实现的诺言,守护了一辈子。

这是一个感人的故事,更是一个真实的故事。这位老人的故事被拍成专题片得以永久地留传下来。采访中,老人说当初她猜到丈夫也许回不来了,是那句"等着我回来"给了她力量,虽然至死也没有等到丈夫,但是老人没有后悔。老人已经走了,带着她守候了一辈子的诺言,微笑着走了,但她的故事却留在了人间。

爱情的誓言,不是一句动心的口号,需要付出行动;美好的婚礼,不能只当成一场仪式,需要共同经营。如果爱情是一杯烈酒,让人迷醉其中欲罢不能,那么婚姻就像一杯沁人心脾的清茶,使人流连忘返,苦中有甜。

不做话语的终结者:一句誓言,需要一辈子守候。

2. "另类关心"的应对之道

人们常说,爱情是两个人的事情,婚姻是两个家庭的事情。现实情况确实如此。在步入婚姻殿堂之前,一对恋人感受着人生最美好的情感,那时是两个人的事情。在步入婚姻后就变成了两个家庭的事情,婚前双方家庭都各自准备,婚礼当天亲人们一同祝福,婚姻把两个陌生家庭牵在一起,让彼此的家人也成为亲人。正可谓朋友多了路好走，亲人多了好办事。亲人们祝福一对新人本是好事，但"过分"关心就不好了。

有一对新人婚后享受着二人世界，一个电话打破了他们的宁静。电话是女方家长打来的，说家里来了好多亲戚让他们回去吃饭。回去以后一大家子用餐其乐融融。吃完饭一家人闲聊，女方小姨说："你可是捡到宝贝了，养了这么多年的大家闺秀被你小子骗去了，我家姑娘从小是被家人宠大的，没受过半点儿委屈，你可得好好对她。"舅舅紧接着说："是啊，你小子是有福之人，但是咱们丑话说在前头，你要是让我外甥女受委屈，我第一个不饶你。"二人说话虽是有调侃成分，但还是让小两口感到不舒服，尤其是男方，出于礼貌应付了几句，于是二人找个借口回家了。回到家，丈夫觉得不爽就跟妻子说了，妻子安慰道："这都是关心咱们，就是说话不好听，你别介意啊。"

过不多久，两人又回到男方父母家吃饭，同样是家庭聚餐，来了好多亲戚，晚餐吃得很开心。因为有了上次的经验，所以饭后他们找个借口准备离开，谁知被家人叫住了，说想聊聊天，两人一听就觉得不妙。一开始问问工作，谈谈婚后生活，接下来就步入"正题"了。姑姑说："家里装修风格还喜欢吧，那可是我和你爸妈亲自盯着装修的，半年时间可把我们累坏了，你可得孝顺啊，别有了老婆忘了娘。"叔叔说："你们这套房子我们看着都羡慕，地理位置好不说，而且房子面积比我的房子大两倍，我可是羡慕死了。"看似闲聊，实则话里有话。两人回到家相视一笑，同时说了一句"习惯就好了"。

以后的日子还听到过很多家人"关心"的话语。什么"要留个心眼儿了""谁管钱了""谁做家务了"等等，都是从"过来人"的角度说的"实话"。听到这些话，两人是欲哭无泪。

我们都理解双方父母把各自孩子抚养成才不容易，都希望孩子们日子过得幸福，可这种"另类"关心，给新婚夫妻造成的负面影响他们知道吗？

不做话语的终结者：只要得到祝福就好。

3. 家庭需要共同经营

百姓生活无小事，百姓生活无大事。前半句是国家"全心全意为人民服务"的宗旨，是把百姓生活的小事当大事来处理；后半句是百姓生活的常态，锅碗瓢盆，柴米油盐，这些小事却是百姓的"大事"。所以国家想百姓所想，急百姓所急，为百姓解决民生问题。

俗话说，家家有本难念的经，每本难念的经都不同。国家关注民生，但清官难断家务事。因为剪不断，理还乱，所以家庭需要夫妻合力经营。经营源自商道，指筹划并管理好某项生意，它需要分工明确、多人配合，才能得以发展。其实，家庭就像打理生意一样需要经营，有目标规划，有管理执行，才能使小家幸福。

有对新人婚后计划着未来生活，怎样理财，家务分工等等，滔滔不绝说了很多，可是二人都是生活享受型，没过多久就忘记了当初的约定，还像以往那样吃喝玩乐、到处旅游，他们觉得这才是完美生活。几年下来生活是享受了，但钱没攒下来，目标一个没实现，为了享受生活还动用了结婚时的彩礼钱。到了育儿阶段连买奶粉的钱都快没有了，两人为此吵了起来，都怪对方为什么不制止自己，最后没办法只能求助双方父母。

还有一对新人，也做了婚后生活规划，两人互相监督，密切配合，达到了定期目标，小日子越过越好。

不做话语的终结者：生活规划不能成为空谈。

4. 遇事不要独自担当

最近我看了一部小说，起初看书名觉得是军旅题材的兵王小说,看到后来发现是都市言情小说。两位主人公一位是退役的兵王,一位是霸道女总裁,他们婚后每天面对的都是家长里短的生活琐碎,两人为了对方都付出了很多,但是总吵架。吵架的原因是,一方为了不让另一方为难或受到伤害而选择独自承担,都瞒着对方自己去处理,等事情发展到不可控的地步让对方知晓了,两人才合力出手最后解决了问题。事情结束,两人互相抱怨,说得最多的两句话:你真的在乎我吗?你在乎我为什么不告诉我。

虽然故事本身不是我想要看的题材,但是看完让我产生了联想。艺术源于生活,故事中的情节就发生在我们身边,需要给予重视。

我从外地出差后回京,下了飞机在机场打了一辆出租车,跟司机闲聊起来。原来这位出租车司机的本职工作是机场工作人员,主要从事飞机检修工作,因为公司运营出现亏损,他们的工资降低了,日常生活开销没法满足,他不得已才来跑出租,而且跑出租这件事也没有跟妻子说过,只是每月凑齐了原来的钱数交给妻子。由于工作时间加长,不能按时回家,妻子经常为此事质问他,他总是说最近公司不景气需要加班。时间久了,妻子产生了怀疑,去公司找他，结果发现他不在公司，两人吵了起来，他也没告诉妻子自己在做什么。一路上我都在倾听他的故事，我知道他需要倾诉，也理解他作为男人的担当。快到家了我跟他说："跟家人说吧，这不是面子和尊严的事情，都会理解的。"他点头后无奈地笑了。

婚姻中，我们有好多事怕对方误会，而采用善意的谎言，不管是真实的，还是善意的，只要是谎言，哪怕是一句，也得用更多谎言去遮盖，与其遮掩，不如共同面对。

不做话语的终结者：一句话的事情，不要用多句话来解释。

5. 别让生活概念化

在我国，普通话是人们日常交流的通用语言，可以说，我们说的语言是文字的有声版本，大脑思维把不同语言文字组合起来通过发声器官表达出来，用以阐述观点、传递信息。人们说话是为了传递信息，不同话语传递的信息不同，有的是传递需求信息，例如：该吃饭了；有的是阐述对某一事物的看法，例如：对与错；有的是表达人生观、世界观，例如：我是自由主义者；有的是表达自己的生活态度，例如：生活要学会断舍离。

自媒体的诞生，让人们有了更多展现自我的方式，人们把对生活的感触，对事物的认知和看法通过文字、声音、视频的形式，发表到自己的社交账号上与其他人分享。"心灵鸡汤"，就是人们把生活中对某种事物的感触通过文字形式表达出来与大家分享，有人会感同身受，把作者的观点和理念套用在自己身上。"原生态家庭"这一社会学概念，又让一些人片面地把自己不好的性格习惯归咎于父母身上。"断舍离"的生活态度，又让一些人觉得生活就应该追求极简，所以又盲目跟风、纷纷效仿。

　　其实，生活由不同碎片组成。以上这些都是由个人或团体针对某事物产生的感触和学术研究，属于生活中极小的一个碎片。同时，我们不要把有"共性"的事物都联系到自身生活中，就像风水、星座，有人信其有，有人则信其无。

　　有位女士深处生活琐事而不能自拔，当看到"断舍离"三个字的时候，她认为自己找到了希望钥匙：一断掉生命，二舍掉一切，三逃离苦海。这种"断章"似的理解和联想让她产生了恐怖的想法，幸亏幡然醒悟，否则后果不堪设想。

　　为了避免堕入生活概念化的窠臼，本书只是表达语言在人们日常交往中的积极作用，通过一句话或一件小事引起人们思考,从而更好地运用语言。

> 不做话语的终结者:说话不能断章取义,生活也一样。

6. 充分交流是维护关系的法宝

人是一种复杂的高级动物,头脑发达,耳聪目明,理性与感性并存。当理性大于感性时,人的情感和行动力就像机器人一样思路清晰、行动利落;当感性大于理性时,人的情感和行动力就好比爆发的山洪一泻千里、汹涌澎湃。生活中人们用理性制约心中的宇宙洪荒,用感性牵引体内的冷漠冰霜,当两种力量不能平衡的时候就会产生"破坏性"。

小张和小李结婚多年,从热恋期过渡到了平淡期,以前两人都是如影随形,现在大都形单影只,以往都是黏在一起,眼前都想拥有独立空间。人们都说距离产生美,他们确实有了距离,但美随着距离的拉开变得渺小了。一个喜欢打游戏,一个喜欢购物,同住一个屋檐下却各有所忙。丈夫喜欢看的一部电影上映了,他便提出与妻子一块去看,一听电影的名字妻子便拒绝了,说她不喜欢。丈夫说"以前不是都一起看吗",妻子回答"那是迁就你"。没过多久妻子想让丈夫陪着逛街,丈夫也说了一句"不喜欢",两人为此吵了起来。最后你不陪我,我不理你，两人有了隔阂。

家人知道后各自劝说，两人都认为自己没错，是对方的错，谁也不肯退让半步。有人建议要个孩子吧，他们回答的都一样，现在的情况要什么孩子，自己还不知怎么办呢。后来家里一位老人说别惯他们臭毛病，过不了就离。于是双方家人不劝和了，开始劝离了，更有甚者开始分配财产了。这下两人着急了，因为这不是他们想要的结果，于是开始了他们的"爱情保卫战"。老人的这一计策让他们重归于好，也明白了沟通和换位思考的重要性。

不做话语的终结者：想要独立空间可以，但话语又不占地方。

7. 谁应该有选择权

孩子是夫妻爱情的结晶，是婚姻的一种维系，也是传宗接代的"精灵"。婴儿呱呱坠地标志着夫妻正式为人父为人母，家庭的重心也随之落在孩子身上。父母及长辈的关心呵护，一直陪伴孩子茁壮成长。

孩子就像一片新开辟的土地，土地上种什么庄稼、庄稼如何落地生根、日常怎样维护、什么时候开花结果，都是开辟这片土地的人要规划的。过去人们养孩子为了传宗接代，为了养儿防老，讲究子承父业。现在时代变了，家长的思路也开拓了，培养孩子的方式也有变化，崇尚定向培养。

我小时候体育成绩比较好，就以体育为发展方向，成了一名运动员，一个偶然机会接触到播音主持专业，发现自己更喜欢播音工作，就毅然转行了，一直工作到现在，虽然已经脱离播音一线岗位，但还是从事专业教学工作，自己很喜欢，也会一直做下去。

人们都说，从事自己喜欢的工作是一件幸事，对此我深有体会。可是也有家长为孩子的人生规划感到苦恼的。

在我带过的艺考生中有这样一位学生，他自己特别喜欢播音主持专业，文化课成绩比较好，就打算走这条路。妈妈是一位医生，想让他学习医学，将来当个医生；爸爸是某单位领导，想让孩子学习人力资源管理，毕业后从事人事管理。三人意见不统一，经常为此事展开激烈争论，夫妻二人更是互不相让。这件事成了家里的导火索，只要涉及这个话题，就会爆发唇枪舌剑，结果三人都冷言相对，直到临近艺考。最后，学生艺考成绩很好，高考文化分数也不错，自己填报了高考志愿，选择了播音主持专业。谁知家长偷偷地改了他的高考志愿，学生知道后非常恼火，极力反抗，没有去录取的学校上学，家里爆发了前所未有的"战争"。后来学生把社交好友全部删除了，谁也联系不上他。后来，听说他出国留学了几年，又中途退学，回国准备从新参加播音主持专业考试。

高中考大学是人生的转折点，是人生大事之一，父母只能与孩子共同商量，而且要尊重孩子的选择，毕竟后面的路需要孩子自己走。

不做话语的终结者：不要为了选择把情伤。

8. 你不理生活，生活不理你

我小时候最喜欢过节，尤其是过大年，家家张灯结彩，户户热热闹闹，大人孩子都处在欢乐团圆的喜悦中。这是节日的仪式给人们带来的愉悦。长大后，尤其是成家立业以后，我觉得这种仪式感不似儿时那么浓烈了。一是生活质量越来越好了，平时的日子过得像过年一样；二是生活质量虽然好了，可是成年人身上的担子却重了，过节的心气儿也淡了，节日放假那几天，就像过普通周末一样。

这是一对夫妻节日里的对话。妻子说："今天过节了你没啥表示吗？"丈夫说："老夫老妻的还表示啥？"妻子接着说："这是到手了就不管了，想当初恋爱时你可不这样。"丈夫又说："过节都是年轻人的事，咱这岁数了跟年轻人掺和啥。"妻子说："真没劲。"丈夫无奈笑了一下就去忙自己的事了，话题到这里就被终结了。

　　上述对话，身处婚姻中的你，是否似曾相识呢？现在人们常说生活要有仪式感，这话很有道理。成年人的世界里背负着家庭责任，肩负着工作任务，重担相压，麻木前行，怕是已经忘了生活的快乐了。所以我们主张要重拾快乐生活，让快乐生活从有仪式感开始。

　　但仪式要与形式区分开来。每年有很多节日假期，我们不能为了过节而过节，也不能被动过节，这些都有不情愿的感觉，属于走过节的形式，没有仪式感。真正的仪式感，是发自内心的喜悦，而且仪式感也不用过节才有，平日里精心烧制美味，一家人出去郊游，看一场喜欢的电影，与朋友们把酒言欢，只要是能调动起积极性，为了某种事物而用心对待，让身心得到愉悦，这就是仪式感。

　　世界这么美好，我们没有理由不快乐。不要等到节日才有仪式，平日里我们就可以制造仪式，一句话，一桌饭，一场电影,一次出行……只要用心,还怕找不到快乐吗?

不做话语的终结者:生活仪式从话语开始。

(三)璀璨夕阳

我们国家现在老年人口总量日渐增多,社会人口结构中的老年人的比例也日益加大,这两点说明我们国家已步入老龄化社会。"老有所养,老有所依",这是老年人的基本保障,对此国家出台了相应政策,以保证老年人都能安度晚年。

国家为老年人提供了生活保障,儿女平安幸福才能让老年人老有所乐。从童年走到老年,这个过程在岁月长河中只不过是白驹过隙,我们天真过、激情过、追逐过、失败过、沉稳过,短短几十年尝遍生活的种种滋味,现在最大的愿望就是看着儿孙平安幸福。

夕阳无限好,桑榆情更浓。这句话是传媒单位一档节目的片花语,这档节目专属于老年人,关注老年人的健康、生活、娱乐等等,给老年人带来温暖与欢乐。从早晨初阳开始到日落结束,太阳提供了光亮,让万物生长,让人们辛勤劳作,她是万物的使者。一天当中最美的景观是日出和日落。日出的万丈光芒给人以蓬勃力量，让人们带着力量开始一天的工作；日落的璀璨霞光带着白昼的余温让人进入温暖舒适的梦乡。老年人就像夕阳的霞光一样充满温情和慈祥，守护着家人的幸福安康。

家有一老，如有一宝。这一老就像"定海神针"一样屹立在家里，不求回报，默默奉献，稳住家庭的大后方。

人世间最长情的话：你伴着我长大，我陪着你变老。前半句人们都做到了，后半句也不能成为一句空话，我们应该行动起来，让老父亲老母亲的夕阳生活璀璨光亮。

1. 还记得那熟悉的背影吗

朱自清先生散文《背影》最后一句话："在晶莹的泪光中，又看见那肥胖的、青布棉袍黑布马褂的背影。唉！不知道何时再能与他相见。"这句话触动了多少中年人柔弱的内心。

你是否还记得儿时父母送你上学转身离去的背影？你是否还记得在离别的车站与你挥手告别转身擦拭眼泪的背影？你是否还记得成家时把你送入新房依依不舍离去的背影？……这熟悉的背影陪你走过了多少岁月，父母的脚步已从铿锵有力变得蹒跚踯躅，却依然让你去依靠，给你以力量。

儿行千里母担忧，不管你多大，不管你在哪里都是他们最亲的人。也许你因家庭、工作不能时刻陪在父母身边，但不管多忙都要打个平安电话，经常回家看看，因为他们时刻惦记着你呢！

有一位老父亲有事没事都要给儿子打电话，今天头疼了，明天感冒了，后天家里水管坏了，反正是总有借口让儿子回家。一开始儿子很着急带着父亲去医院看病，去了医院啥事没有，老爷子状态也不错，两人就回家了。后来老爷子的小计谋被儿子识破，儿子无奈地向父亲表示他很忙，每次回家都得跟单位请假，这样不好。

没过多久，父亲打电话告知儿子自己得了重病，电话里的声音很虚弱，于是儿子带着妻儿一起回到父母家里。一到家，看见满满一桌子饭餐，父母还在厨房忙活，说马上就开饭了，让他们洗手准备吃饭。这个场景让儿子一家感到惊讶。入座后父亲说："今天是你母亲的生日，你们都太忙爸妈知道，所以想个法子让你们回来，咱们一家人吃顿团圆饭，给你母亲过个生日。"儿子一家听后默默地低下了头。

不做话语的终结者：别拿忙当借口。

2. 有父母的唠叨最幸福

有一个梗叫"我妈觉得冷才是真冷",有一句唠叨"妈妈都穿秋裤了,你怎么还不穿"。可以说每个人都是伴着父母唠叨长大的。儿时的唠叨:"上课好好听讲,出去玩儿注意安全。"上大学时的唠叨:"在外照顾好自己,没钱了说一声。"工作后的唠叨:"跟同事好好相处,工作别太累,注意身体。"成家后唠叨:"好好过日子,两口子有事商量着来。"

不管孩子处在人生哪个阶段,在父母眼里都是孩子,千言万语的叮咛总是不离口。类似的话语重复说、年年说,看似唠叨实则是父母的不放心。可是作为儿女对于这些话语多少都会有不耐烦的情绪。

我从初中一年级开始,就离开父母身边远到千里之外的异地上学,那年十四岁,对于父母的嘱咐没有概念,只是一遍遍地回答"知道了"。假期回家才知道,我走后妈妈常听一首歌《祝你平安》,才渐渐懂得"儿行千里母担忧"的含义。假期结束准备返校,父母准备了很多吃的喝的,看着大包小包的东西,我有些不耐烦地说:"怎么拿这么多的东西呀,那么远的路多累啊。"于是挑了些自己认为用得着的物品装到包里,剩下的都留在家里了。父母去车站送我,我总觉得这么大孩子了根本用不着,可是等到火车开动了与父母挥手告别,才知道离别的滋味真的不好受,看着他们远去的背影,眼泪真的控制不住。那时我才对朱自清先生的散文《背影》所描述的离别有了切身感受。

以后再回家,父母给准备的东西能带上的我都带上了,面对他们的唠叨我也没有不耐烦的情绪了,我知道那样做他们心里会踏实。工作后,有一位同事跟大家说她父母有多唠叨,另一位同事说:"有父母唠叨是多么幸福的事,而我已经听不见他们的唠叨了。"听完这句话,同事们都略有所思。当时,我想我是一个幸福的人。

不做话语的终结者:把老人的唠叨当作幸福的信号。

3. 莫让"假儿女"钻了空子

"城市套路深,我要回农村,农村已整改,套路深似海。"社会上有这样一群人,不想付出辛苦,只想不劳而获,绞尽脑汁想方法,挖空心思玩儿套路,把社会人群"摸个透",有针对性地"下药"。正可谓,骗你没商量,当当不一样。有的侥幸得手逃离一时,但法网恢恢疏而不漏,逃不了一世。

有那心思和耐心，还不如谋正道。别被抓住了才后悔，进了牢房才流泪。

老年人是这些骗子的主要目标对象。老年人退休后有一定的积蓄，长期在家脱离社会，孩子们都有了自己的小家庭，各自忙着自己的事情，老人们于是就去公园遛遛弯儿，跳跳广场舞，丰富业余生活。这个空当被某些人抓住，做好了圈套，通过"真诚"的演技等着鱼儿上钩。

你缺什么，我给你准备什么。老年人缺的是子女的关心和陪伴，于是那些人就陪老人唠家常，还主动做家务，更有甚者直接叫爸妈。

我身边就有老年朋友被这种圈套诱骗上当了。老两口像平常一样去公园遛弯儿，看见一群人聚在一起不知道在干什么，就过去凑热闹，一进人群就有专人接待，说这是为老年人做的公益项目，免费体验。老人一听免费那就试试吧，体验过程中，服务人员的周到细心感动了老两口，感觉不花点儿钱都对不起人家温暖的服务。可人家自始至终都说这是公益项目，不收取一分钱，只提出如果方便留个家庭地址和电话就行，老两口欣然同意了。

过了几天，那位服务人员带着水果去看望二老，二老感觉很惊讶,热情招待。通过谈话得知,这位服务人员从小家境不好,出来打工挣钱补贴家用,二老的慈悲心就泛滥了,说啥也要给拿点儿钱,人家死活不要,没办法,这位服务人员表示"那就买点代理的产品吧,产品都是针对老人的特别好,就算照顾我生意"。说完详细介绍产品,二老一听都是"对症下药",帮助了别人自己也受益,于是买了很多产品。

  周末儿女回来,父母说了这件事,并把产品拿出来说效果挺好的,还夸赞那位卖他们产品的服务人员,孩子们一看产品和价钱就知道上当了,说父母被骗了,二老一听这话气不打一处来,说:"你们平时忙没时间回来,有人替你们尽孝还不乐意,这产品是用我们自己钱买的,没花你们一分钱,就算是吃亏上当我们也认了。"几个子女无力反驳,只能忍气吞声。

  于是他们商量了对策。有一天父母去公园,他们偷偷地跟在父母身后,发现了那伙人的"工作"地点,见二老又花钱买产品,于是几个孩子立马上前制止并报了警,警察到现场后表示,他们已经盯了这伙人好久了,这回人赃并获,都要带走。可是,老年人们不干了,说他们不是骗子,而且产品疗效很好,觉得没被骗,问警察是不是弄错了。没办法,警察把所有人都带回办公地点,出示了证据,这些老年人才相信。

不做话语的终结者:别给不轨之人创造机会。

4. 给老年生活更多选择

随着社会发展和时代进步,现在我们国家老年人的晚年生活质量比以前要高得多,除了帮助子女带孩子外,还有很多业余活动可以丰富晚年生活,比如老年大学、各种艺术班、合唱团等,儿女们可以选择父母喜欢的一些项目给老年人报班,既能丰富他们的晚年生活,又能帮他们培养新的兴趣爱好,最重要的就是让他们忙起来。

以前有一部电影叫《向极速出发》,讲的是一位新西兰赛车手到了古稀之年也没有放弃赛车梦想,独自驾车到地球的另一边去参加比赛的故事。在路上他结识了新朋友,在朋友的帮助下完成了比赛,并且创造了最新的极限记录。此后他又九次刷新陆地上最快速度的世界纪录,1967年创造的世界纪录至今都未被打破。

不管我们处在哪个年龄阶段都要有自己的梦想,有的梦想可能轰轰烈烈,有的梦想可能藏在心底。我有幸结识了一位追逐梦想的老人,她将梦想在心底藏了许多年。退休后这位老人一直帮着儿子带孩子,孩子上大学了,老人跟儿子说:"你儿子也上大学了,家庭的使命我基本都完成了,现在我也想上学。"儿子听后觉得不可思议,问道:"妈,您都多大岁数了怎么突然想上学了,您没事吧?"老人说:"你是不是觉得我有病啊?告诉你我没病,我从小就学习好,本来能考上大学,可是因为家里穷,我又是老大,所以不得不放弃读书,早早出来工作。我跟你爸结婚后又开始为这个家奔波,你成家时我正式退休,可是又遇到你爸爸生病。送走了你爸爸,你的孩子又出生了,这一带就是十几年。现在你儿子也上大学了,家里用不着我了,我想完成我的梦想,继续上学。"孩子听后五味杂陈,他知道母亲为了这个家牺牲了自己的梦想。儿子同意了,并亲自给老人报了老年大学。

有梦就去追,别等着后悔。谁不会为自己的梦想而努力拼搏呢?这位老人虽然将梦想藏在心中几十年,她也终于在合适的时机开始了追梦的行动。

不做话语的终结者:帮助老人完成心愿,就是解决自己的心愿。

5. 想老人所想

老伴儿，老伴儿，到老了有个伴儿。我们习惯热闹，喜欢热闹，更喜欢和家人在一起时的热闹。人到了老年，大多只有逢年过节儿女们都回来时，才能感受到家的热闹，平日里都是老两口相依为伴。有的老人因老伴儿走得较早，只剩一人度过余生，他们会感到孤独。

同事爸爸因病去世了，只留下她妈妈一人在家。老人心里不好受，经常哭泣，同事便经常回去陪妈妈。过了两年，她妈妈才接受现实，慢慢从阴影里走了出来。同事怕妈妈一人孤单，就与丈夫一起商量，把妈妈接到了家里一起住。同事给妈妈报了老年合唱团，老人一开始不愿意去，后来被女儿带着去了几次，老人渐渐地喜欢上了合唱，还经常出去演出。再后来，老人风雨无阻，从来没有间断过，而且总是从家里带些水果、零食出去，这个情况被心细的同事察觉到了。有一天，老人像往常一样，带着洗好的水果，出门练习合唱去了，同事悄悄地跟在后面，看着母亲排练完合唱后，与另一位男士坐在公园的长凳上，一起吃从家里带的东西，同事会心一笑，自己回家了。

又过了许久，同事发现老人出去的频率更多了。一天老人回家后，同事说："妈，您怎么天天这么忙呀，每天早出晚归的，是不是有啥情况了？"老人慌张地回答："没，没啥情况，就是又要演出了，排练的次数就多了。"同事说："这样啊，那今晚送您回家的那位叔叔是谁呀？"母亲脸一下子就红了。同事接着说："现在是风水轮流转了，当年您就是这么盘问我的，今天轮到我了吧，哈哈，您就老实交代吧！"老人实在没办法就跟女儿说了实情，还说自己就是精神上有个寄托，其他的不敢想，对方也有儿女，牵涉的事情太多了。同事说："我知道您指的是什么，是不是颜面和财产。"母亲点头回答。同事说："只要您觉得合得来，剩下的事女儿帮您操办，就像您当时给我操办一样。"母亲听后感觉松了一口气。后来经过同事的努力，两位老人一起生活了，而且还很幸福。

每位老年人都有自己的心思，也许是想要一个照相机，也许是渴望一次出行，做儿女的都有机会发现，就像以前爸妈很容易发现你的小秘密一样，前提是你得多陪伴他们。

不做话语的终结者：父母难为情，你不能难为情。

6. 为儿女选择妥协

大多数人都认为，家庭关系中属婆媳关系最难搞，两个女人就能把家捅破天,让两个大男人左右为难,根本厘不清怎么办。我觉得那是以前的状态,现在的婆媳关系应该说很融洽了。

几十年前,一家人都住在一起,十几口人又热闹又吵闹。人多手多过年过节一起忙叨,人多嘴多闲来无事互发牢骚。今天你说说我,明天我说说你,一个大家庭还分帮拉伙。现在呢,大多数家庭都独立生活,分东离西很难聚齐,老人与孩子关系的维系靠的是亲情,偶尔见一面拉近了双方的距离,每个人都有了忍耐力和生活的动力,但是双方生活作息的不同却无法轻易改变。

2020年夏天,北京的"疫情"形式还挺严峻,大家都戴着口罩在小区里遛弯儿。有一天阴雨连绵,我站在窗前看见小区街道空无一人,便拿着伞出门走走。在小区里走了两圈,我看见一栋楼的房檐下站着一位老人,老人戴着口罩不停地擦拭眼上的泪珠,看见有人忙转过身去,我假装没看见径直走了过去。我走了一圈,在景观街道的亭子里又看见那位老人了,这时雨下大了,她没有带伞,估计在等雨停吧。于是我走了过去,想打伞给她,把她送回单元门,她拒绝了,直言现在不想回家。我说:"听您口音是南方人吧,是来京给儿女看孩子的吗？"她点头。我接着说："是不是想家了但又回不去？"老人说："最主要的是在这里生活不习惯，每天生活作息不同，吃饭口味儿也不一样，谁也不认识，想走也走不了，我走了孙子没人看了，请保姆太贵又不放心，唉！"

从这一句叹息中我听出了老人的顾虑，问她接下来打算怎么办。老人说："还能怎么办？现实情况改变不了，只能改变自己，随着孩子生活方式过日子吧。他们也不容易。"老人说完感觉轻松了许多，因为她做了选择，有了决定，心中负担减少了。这时雨小了，老人说了一声"谢谢你小伙子"，便转身离开。看得出来这是一位坚强的老人。

不做话语的终结者：多站在老人的立场考虑问题。

7. 高手就在家中

小时候我经常看武侠小说，喜欢故事中身怀绝技、劫富济贫、肝胆相照的武林高手。他们大多过着隐居生活，当国家和社会需要之时就会仗剑出手，永远站在正义的一方。俗话说，高手在民间，殊不知，高手就在身边，只需要我们去发现。

表哥是一位民营企业家，企业面临转型，正与几家公司进行商业谈判，为此压力很大，经常失眠。几家公司都看好项目准备投资，谈判只是为了利益最大化。几轮谈下来谁也不肯让步，几家公司扬言要放弃项目，放弃意味企业转型面临资金问题，表哥准备妥协。家里人都知道这件事，但是谁也插不上手。这时，表哥的父亲站了出来，说这是他们的心理战术，挺住你就赢了。表哥认为老人说的话不切实际，万一此事不成影响很大，说："您都多大岁数了，脱离社会这么久了，您就少操点心吧，别在这添乱了。"老人说："小子，虽然你岁数不小了，但是在我面前你还是孩子，按我说的做绝对没错。"后来实在没有好的办法，表哥就采用了这招。果然起效了，对方找了台阶又主动找上门洽谈，最后合作成功。

　　家有一老，如有一宝，这话真的一点儿没错。每个家庭里的老人都可能"身怀绝技"，论阅历和经验都是年轻人所不能比的，他们只不过是把更多的机会留给了晚辈们，不代表他们真的落伍了。

　　不做话语的终结者：别自以为是而低估了老人。

8. 一个都不能落下

　　人到中年，上有老下有小，总感觉有忙不完的事情，按住葫芦瓢又起,工作家庭琐事往往使人力不从心。这个年龄段处在承上启下的时期,需要把生活安排好,以稳为主。

我去宁波出差,下飞机已是晚上十点多了,打了一辆私家车去往目的地,一上车看见是一位女司机,于是问:"这么晚了怎么你还在跑车?"言下之意,夜班的活儿一般都是以男同志为主。女司机启动车,边行驶边说:"我都是周末休息跑出租,我老公常年跑夜班,今天他单位有事我替他一天。"我问:"你们两位都有工作为啥还跑出租?"她说:"现在上有老下有小,还生了二胎,光靠工资不能解决日常开销,没办法只能利用剩余时间挣点钱补贴家用。平时晚上我辅导孩子,周末我家那位负责接送孩子上辅导班,老人看着老二,我就跑两整天。"我询问了一下当地的工资,她继续说:"我俩工资还算可以,但满足不了我们的生活。除去日常生活所用之外,还有孩子的补课费和每年的旅游出行费用。出去旅游让孩子见见世面,带着老人让他们散散心,一个也不能落下。"我说:"那你们安排得真不错,就是累点。"她继续说:"不累不行啊,一开始我们一家人出行,总说着要带上老人,因为钱不够也没做到,后来老人闹脾气,就跟小孩儿似的,哄了好长时间,最后我们一商量,以后去哪里都带上全家人,费用不够就想法儿挣钱。以前我们没有车,为了挣钱,贷款买了一辆,又能接送孩子还能用它挣钱,还好房贷还完了,轻松多了。"

听了她的话,看着她用坚毅的目光望向前方道路,那目光充满了对生活的渴望。我敬佩他们对生活的乐观态度,他们虽然很累,但是正通过努力让生活变得更好。

不做话语的终结者:对待老人要言行一致。

☆本篇小结:

心身休憩温馨湾,真金白银不去换;

家有万亩良田地,不如家和事圆满;

遇事一起共同担,繁事从此不再难;

在外对人常笑脸,回家多说美好言;

妻儿老小大团圆,生活准比蜜还甜。

第二篇

职场生存

人间有情，社会有法，家庭有规，职场有度。职场的度，有规章管理制度和工作处事的态度。规章管理是职场制度，人人遵循；工作处事是个人态度，能者为先。

工作业绩好、业务技能高，是能者；业务技能与为人处事左右逢源，是大能者。职场当中，人们往往不能同时兼顾这两项，很多情况都是业务技能强，处事不咋样，因为与人相处共事是件复杂的事情，涉及很多因素，如性格、年龄、职位、态度、方法等等。在家里每位家庭成员都可以畅所欲言，说深说浅大家都习惯，所以包容，在职场发表言论不可随随便便，得讲究内方外圆。

有位老人说，职场是历练人的地方，走进职场才真正步入社会，要学的东西远远比书本上的知识丰富得多，要懂得职场规则才能得以生存，谦虚谨慎是一剂良方。

那时我初入职场，觉得老人的话有点杞人忧天，后来我经历过一些事情后才感觉他的话是金玉良言。至今我认为自己在"为人处世"这方面做得不够好，一直处在学习过程中。不只是老人的这些经验之谈，职场中我们要学习的东西实在是太多了，所以"活到老学到老"真是值得我们奉之为圭臬的至理名言。

在职场，与人说话共事是一门学问，只有走过了这条路的人才有发言权，像我这种走了一段路的人，只能说说我理解的职场中的基本生存之道，给初入职场者一个参考，与职场人共同探讨，跟长辈们做个汇报。

（一）初来乍到

在家庭中成长，在职场中发展，是人们生存的基本道路。成长阶段是在学习知识储备技能，发展阶段是在运用学习的知识和储备技能，二者是相互衔接的过程。学习储备的知识和技能就要发挥它的作用，国家的职能部门和各种企事业单位给职场新人提供了可以施展才华的舞台，刚步入职场者都跃跃欲试、迫不及待地准备走向工作岗位，大施拳脚。

他们充满激情，干劲十足，想全力奔跑，却发现自己走在了海绵上，有劲儿使不出，有力用不了，所在的岗位，负责的工作，发挥不了所学的一身本事，与想象中的职场完全不一样。这是正常的，任何单位不会一开始就把职场新人安排到关键或重要的工作岗位上，因为新入职员工缺少实战经验，如果工作中出现纰漏或错误，都会对单位造成不必要的损失，这是谁也弥补不了的，所以要慢慢培养。就像一个刚入伍的新兵，没有实战历练，不可能让他轻易上战场一样。

新员工步入职场，首先要做的就是学习，适应新环境，熟悉业务，学习管理制度、企业文化，懂得团队协作的重要性，就像老人们说的"少说话，多做事"，但我觉得还要加上"说对话，做好事"。

1. 谨言慎行，言行一致

新员工入职前，都会经过所在单位的各种考试，经过层层选拔，最终成为确定人选，通过选拔的人自然得到了单位的认可，也就有了属于自己的一份工作。一般情况，入职后还要有三个月到半年的试用期，这个阶段是考察期，单位考察员工有没有能力胜任提供的工作岗位，员工考察所在单位有没有发展的空间，在试用期中二者都有权利决定去与留。

单位考察员工可不是单方面测试员工的专业技术能力，还要看员工的个人脾气秉性、工作态度、团队精神。有位新员工入职后还处在试用期，觉得自己是名牌大学毕业，专业又好，试用期只是走过场而已，没当回事。表面谦虚好学，骨子里满是骄傲。入职考试第一名，让他在单位得到关注，大家都投来赞美的目光，主动跟他说话，他感觉很好，在短时间内与单位同事打成一片。人熟了，话就密了，话密了，错就出了。

一次，一位同事说："听说你面试环节特别棒，人力经理亲自出的题你都迎刃而解，你真牛。有空也教教我呗。"他说："这没啥可教的，只要做足功课，摸清套路就行。一个问题不能只做表面文章，要看背后折射的问题是什么。比如薪资问题就不能直接要求多少，你得说来到单位要实现自己的价值，为单位创造业绩，不要看眼前的工资，要着眼于未来的发展。"同事说："你可真厉害，没上班就知道这么多，等有时间了咱们找个地方好好聊聊。"之后同事找了一家烧烤店，两人聊得甚欢，话题基本围绕对单位的看法，那位新员工说了自己的观点。没过多久他们聊天的内容就在单位传遍了，人事经理自然也知道了。

试用期快到了，人事经理找这位新员工谈话，问他在单位感觉如何，岗位是否满意，与同事相处是否愉快等问题。他回答都很好，并说了自己的规划，准备大干一番。听完他的话经理说："我听说你来单位的目的只是把这里当跳板，还说以你的学校和能力都不可能留在这里，所以我们做了一份试用期报告,你不适合在这个单位,你应该找一个更好的平台发挥你的才能,很高兴认识你,再见。"看着手里的报告,他后悔了,明明非常重视所在单位,刚到手的职位却被自己的不当言论断送了。

不做话语的终结者:言多必失。

2. 洗澡前试试水温

在家里人们经常听到"大人说话小孩儿少插嘴"这句话。大人表达的意思不是不让孩子说话,而是此时不适合说话。也许跟场合有关,也许话题与孩子不符,也许是重要着急的事情,不让他人说话只是希望自己谈话不被打扰。

狼的生活习性大家都了解,它们的族群有严格的等级之分,处在什么等级做什么事情,越过自己的线就会受到相应的处罚。这种生存法则被人们发现后,运用在人事管理制度当中,足以给越线者深刻教训。洗澡前人们要试试水温,就是为了能顺利洗澡,水温过高或过低都不具备洗澡的条件。身在职场,说话前也要看在什么场合,跟谁在说话,怎样去说话,有没有说的权利。如果不管不顾随意发言,也许就打破了职场规则,给自己带来不必要的麻烦。相信很多新入职的朋友都犯过类似的错误,我也不例外。

记得那是一次节目策划会议,各部门领导以及所有播音主持和编辑人员都参加了,作为新入职成为播音工作者的我自然也参加了。会议上讨论哪些节目保留,哪些节目需要淘汰,还提出了新节目策划方案。大家各抒己见,当然都是部门领导和有资历的前辈们发言,新人都认真听着并做好笔记。当时,我手上有一份节目策划方案,特别符合当下节目创新的要求,我知道还轮不到我发言,虽然着急,但始终没敢说话。

会上确定了几套节目方案,领导也让新员工说说意见和建议,一开始鸦雀无声,后来有人按捺不住谈了自己的想法,有人起头大家都得说,我也说了我的节目策划方案,说完后领导觉得不错,让我把方案打印出来送到他办公室,当时所有人都惊讶地看着我,那种尴尬的氛围我至今还记得。会议后,有位老前辈把我们几个新手叫到一处,说你们几个胆儿真肥,这么大的会议上也敢胡闹,真是初生牛犊不怕虎,尤其是你,简单说几句就行了,还把方案拿出来了,那么着急干什么,以后有的是机会。听完前辈的话,我们几个都沉默无语,就像犯错的孩子不知所措。

不做话语的终结者:明知就不要故犯。

3. 远离舆论漩涡

生活中发生的引人注目的事件会成为人们日常的谈资，每个人都有对事件发表个人观点的权利，有些事件在社会上影响较大，引起大多数人关注，就成了舆论焦点，焦点事件必是影响到大多数人的利益才得以被人们关注和谈论的，如教育、医疗等。一天工作下来，人们除了完成自身工作之外，也会利用业余时间讨论各种话题，谈论社会热点问题多为人们消遣的一种方式，单位的大事小情才是同事们关注的焦点。

某单位进行改革，两个同级别单位将合并成一个单位，不少人会面临人事变动和岗位调整，这件事情成为这家单位职工近期谈论的焦点。领导班子都由哪些人组成是焦点中的焦点，人们议论纷纷，这其中不乏掌握"小道消息"之人。小道消息的真实性肯定不足，小道消息被传来传去只不过是人们"猎奇"心理作祟而已，但这足以让大家乐此不疲、津津乐道。

坊间流传一位领导估计会提前退休，大家众说纷纭，开始"八卦"起来。有的表示可惜，有的拍手叫好，有的随声附和，谈论完大家就像什么也没发生似的各忙各的去了。可是这话传到了被八卦领导的耳朵里。过不了多久，人事公示出来了，大家看着任免名单,那位领导并没有提前退休,而且职位比以前还高,这让有些人就坐不住了。坐不住那是心里不踏实,背后议论人是罪魁祸首,想心安理得,就要远离舆论漩涡。

不做话语的终结者:好奇害死猫,"八卦"害自己。

4. 同事之间是工作关系

人们从工作开始就开启了"职场生活",不管是在政府企事业单位,还是私有公司,或者自主创业,都会有自己的办公场所,办公场所就是职场中的"家",同事就像亲人,大家各展所能,为"家"争得利益,满足自己需求。人们在单位工作待的时间不比在家少多少,与同事长时间相处彼此都有了了解,感情会随之升华,聊得投缘了,感觉相见恨晚,彼此成了朋友。

在单位有两位刚入职的同事,从陌生到熟悉不到三个月,除工作外,两人一起吃饭,一起下班,就像亲哥俩。其中一位工作中出现了错误导致牵连整个部门,部门领导也受到上级领导的批评,这位出错同事面临处罚。处罚结果是调离一线工作岗位,调往行政工作岗位,说是行政工作,其实就是打打杂,对于职业发展很有局限性。另一位与他要好的同事认为这样的处罚过于严重,就背着被惩罚的同事独自找领导求情,领导告诉他这里是单位不是家庭,更不是谈兄论弟的地方,让他做好本职工作,那位求情的同事灰溜溜地离开了领导办公室。后来那位被处分的同事知道了这件事,不仅没有表示感谢,还认为这样做会陷他于更不好的地步,连翻身的余地都没有了。求情的同事也觉得委屈,认为一切都是为对方着想,认为单位里除了自己没有谁会为他出面,他不但不领情还抱怨自己,于是二人吵了起来,之后形同陌路。

这两位新同事就是把家庭生活的气息带入了职场生活中了,职场中的"大家庭"是彼此合作的关系,共同目标是完成各自工作,为单位创造价值,满足自己所需。就如老人们所言"职场中只有利益,没有朋友"。

不做话语的终结者:在职场别讲江湖义气。

5. 管好自己的嘴

管住嘴,迈开腿,合理的饮食搭配、规律的作息时间、适当的体育运动,这些话是倡导人们健康生活。人们常说,病从口入,祸从口出,管住嘴,不仅要在饮食上有所节制,更要在言谈上有所控制,避免口舌之争。

个人有隐私，是不希望自己某些事情让大家知道；单位有隐秘，对外从不公开。当一个人得知了别人的隐私或单位的隐秘事件就要守口如瓶，管住自己的嘴，要对得起他人和单位对你的信任。现实中有这样一种情况，当一个人知道了他人的隐私或单位的机密事件后会产生复杂的心理：会因被他人信任或被领导重视感到激动，会因将承担保密责任感到紧张，知道了那些秘密不是如获至宝那样高兴，而像是一个烫手山芋一样，握不住扔不掉，不管谁泄密都得被问责。对于某些未知事物，人们还有这种复杂心理：不知道的人想知道，知道了的人想着还不如不知道。

小李是某单位营销部门的职员，因专业过硬和工作踏实肯干被领导赏识。有一次领导通知他一起参加重要的招标会议，并负责一些相关工作，对于刚入职不满一年的新员工来说，这是莫大的信任，对此他很激动，其他同事很羡慕。会议上，小李知道了单位的一些商业机密，负责的工作需要高度保密。会后有同事问他一些会议信息，他没有说，因此被同事挤兑了几句，说参加会议就牛了之类的话。回家后接到发小的电话，对方正好是小李单位的供货商，想提前知道一下有关情况，做好投标准备，这让小李非常为难，发小软磨硬泡，他还是没说出来，对此他又遭到发小的言语攻击，说："当初我怎么帮你的，现在这点儿小事儿你都不帮，没想到你是这种人，忘恩负义，咱们哥们儿就到此为止吧。"说完电话被挂断。同事与好友的不满让小李心里不是滋味。

后来有人泄露了这次招标会议的相关信息，导致招标事项延期进行，所有与会人员都被问责。当被领导问询时，小李坦然面对，领导很欣慰，让他继续跟进这个招标项目。

不做话语的终结者：说话办事要坚持原则。

6. 赞别傲，批别恼

我们的生命过程就是不断奋斗拼搏的过程，在这个过程中会得到他人的赞誉，也会受到别人的批评，为了得到更多人的赞誉，我们会为荣誉而战，因为没人喜欢被人批评。如果说得糙点，就算为了面子，也不想让人小看。

我们工作不仅能实现自我价值，同时也给所在单位创造价值。每位职场人，都为实现自我价值奋斗。在实现自我价值的道路上，新员工也不会被落下，他们努力拼搏，全力冲刺，书写人生又一篇章。任何事情都不是单方面的，都有两面性，有好就有坏，有褒奖就会有批评，面对赞誉不要骄傲，被人批评也不能懊恼，这道理小朋友都懂，但现实中很多人真的做不到。

谁都想听到掌声，掌声代表被认可，但掌声只有短暂的时效，别被掌声所迷惑，应该以此作为继续奋斗的坐标。谁也不想受到批评，批评不代表失败，它会让你产生思考，不要被批评之声吓倒，应该让它作为冲锋陷阵的号角。

我刚入职不久就接到一次重大活动的直播任务，三个小时直播任务圆满收工，我得到了领导的认可和同事们的赞誉，当时虽然表现得谦虚但心里抑制不住地高兴。以后的日子我都处在这种赞誉的声音中，渐渐地对自己的要求下降了，工作上出现了纰漏，情绪也从喜悦跌到了忧愁。领导说："知道为什么出错吗？"我答："现在知道了。"领导说："知道了就好，从你最近的言谈举止中我就知道出错在所难免，前面的工作成绩都被这一次失误替代了，重新开始吧。"

不做话语的终结者：别让情绪掌控话语。

7. 集体活动要参加

两人撑起灶，众人搭建塔，万人成国家。孤掌难鸣，双手才能拍出响，个人英雄永远比不过团队力量。家庭也好，单位也罢,都需要把个人能力转化为集体力量。家庭聚会,欢声笑语,加固亲情;单位活动,彼此交流,凝聚力量。咱们国人什么事都讲究"缘"和"圆",一个是缘分,一个是圆满。不管是家庭聚会还是单位活动,一个都不想落下。

单位举办活动及年会的意义就是给大家建立交流平台,总结部署工作,组织者希望每位员工都参加,所以没有特殊情况,所有员工都应该到场。原因有二:谁参加了大家也许记不住,谁没参加记得清清楚楚;缺席集体活动就少了一次相处机会,也许会成为同事的议论对象。

有人会有这样的想法,单位集体活动大都是走过场、玩形式,没有什么实质内容,不去也罢,还不如在家休息。其实,单位组织的任何活动都属工作范畴。

小张是某公司的一名新员工,工作快一年多,参加了公司举行的几次活动,几次活动下来他觉得没什么意思,就跟上班打卡一样,去了就是刷个存在感,他想,那么多人领导根本记不住,就决定下次活动不参加了。他说到做到了,等到活动的那一天他没去,在家休息了半天。第二天上班,有同事问他怎么没参加活动,他有点儿慌张地说临时有急事没能参加,同事说那你怎么不请假,你没来可是成为同事们议论的焦点了。小张问都说什么了,同事说,说什么的都有,平时工作啊,为人处事啊,还有的说不参加活动还不请假,是不是对活动有意见呀,好的坏的都有。同事建议他赶紧跟领导解释一下。小张听后感觉头皮发麻,本想着无所谓的事情,谁知会是这样的结果。

不做话语的终结者:别缺席与同事们交流的场合。

8. 别因说话被投诉

我们每个人都是服务者与被服务者,当你服务他人的时候,要做好本职工作。前文说过,当人们作为被服务对象时,被服务的感觉就会增强,维权意识也会增加。人们投诉是为了维护自身权益,投诉原因大部分表现为以下几种情况:一是产品自身存在问题,二是服务感受较差,三是在投诉产品时后续服务不到位。三种情况除产品自身原因外,其他两种投诉都与人有关,确切地说是与服务者的话语态度有关。

某城市车展,有人穿着印有投诉内容的衣服去车展现场进行维权,这件事闹得沸沸扬扬,可谓一石激起千层浪。为什么有人会用这种极端方式去维权呢?主要是因为双方在解决问题时没能达成某些共识,最重要的是,车企没有满足消费者的需求,而且态度强硬。这起维权事件被媒体报道后,车企才拿出解决方案。如果在消费者开始维权时，车企就拿出解决方案，并且好好沟通，就不会导致事件扩大，成社会热点问题。

消费者是被服务者，享受的是作为被服务者的服务体验，体验产品的性能，体验工作人员的服务，如果体验感好，那么消费者就愿意花钱买单。体验感的好坏，与工作人员的服务方式和服务时的言语密切联系，而服务时的言语是重中之重。不管你是企事业单位，还是公司员工，或是自主创业，当你在服务他人时，请用好服务性言语，用专业的服务满足客户需求。

不做话语的终结者：说话要让客户舒适。

（二）弦外之音

音乐，陶冶情操，给人以美的享受，属于人类精神文明。不同乐器奏出不同乐曲，不同乐曲表达不同含义，人们在享受乐曲的同时，还能从中感受到创作者和演绎者的真实情感，这情感或欢喜，或悲伤。

语言与音乐有相通之处，不同的语气表达不同的情绪，不同的词句表达不同的意思。不同的是，语言是人与人之间交流的工具，需要面对面，你问我答；音乐属于精神享受，需要静静聆听，激发内心情感，产生共鸣。对音乐我们要感受它的"弦外之音"，对说话我们要听其然，还要听其所以然。这是相通之处。

我们国人说话，不像其他国家的人说话那样直抒胸臆，我们讲究说话的"韵味"，表达时受传统文化影响，比较含蓄、委婉。而且同一个词语用在不同的语言环境会表达不同的意思。所以，中国的语言"老外"经常把握不好。

比如"意思"一词，给人送礼物时会说"这是我的一点儿小意思，请笑纳"，对某件事情产生疑问会说"你什么意思"。一位员工给领导送礼，主要用"意思"一词就完成了对话。

员工说："过节了，这是我的小意思。"

领导说："就算过节，也不能接受你的小意思。"

员工说："这只是小意思，没别的意思。"

领导说："没别的意思，也不能接受小意思，希望你能明白我的意思。"

员工说："我明白您的意思，可我就是想意思意思，不管其他人意不意思，我必须得意思，请您理解我的意思。"

领导说:"我理解你的意思,其他人的意思,和你的意思一样,我对其他人的意思和对你的意思都一样,请拿走你的小意思,也请你接受我的意思。"

员工说:"我执行您的意思,同时也会转告他人您的意思。"

领导说:"以后都按这个意思办,任何情况都不能有这个小意思。"

员工说:"您的意思我全明白,以后保证没有任何小意思,同时跟您说一声,不好意思。"

这段对话的意思,国人都明白其中的意思,外国人估计看几遍也不明白到底是什么意思。你说有没有意思呢?

所以,在职场中我们要理解人与人话语交谈中真正想表达的意思。

1. 不求滴水不漏,但求面面俱到

人们在家里日常交流都比较随意、随性,因为家人是亲人,都互相了解,互相包容,谁也不会因为一句话而大动干戈。在职场就不同了,说话得讲究方式方法,不管是领导还是员工,都不希望因为说话问题而产生负面影响,说话时都会给对方"留面子",这导致有些话语含沙射影、点到为止,这时就得完全明白、理解其中的寓意。

　　分享一下我刚参加工作那年参加的一场面试，面试官是单位的各级领导，有些领导没见过，阵仗很大，这让我们这些新人感到紧张。其他新人被提问的问题大都与专业相关，我认为自己的问题应该也是一样。可是轮到我时话风变了，坐在中间位置上的领导在桌子上拿起一顶帽子问我："你看这顶帽子多少钱？"当时我一下子蒙了，因为和我想象中的问题出入太大，从专业话题转到了生活话题，打得我措手不及。看着帽子我说："这帽子，没有商标，材料和样式不错，至于价钱应该取决于贴什么商标，在哪里售卖，如果是大品牌的商标，价钱就贵些，售卖地点应该是在商场，如果帽子贴的是不知名的商标，那么价钱就会便宜一些，售卖地点可能在商场，也可能在小商铺。还要看这个帽子戴在谁的头上，如果知名人士戴着，它的额外价值会增高，普通人戴着，就是日常的装饰品，如果普通人戴上效果非常好，那么它的审美价值就会增高。我的回答完毕。"

　　我说完后才发现自己出了一身汗。领导说："这顶帽子，是我在地摊儿买的，很便宜，但我戴着它很合适，就像你说的审美价值增高了。你的回答不错，瞬间能对事物进行客观分析，不偏不倚，很适合这项工作。"

听完他的话我松了一口气，当时如果我直接猜个价钱，用一句话来回答问题，恐怕面试就不会顺利通过了。

不做话语的终结者：对事物客观分析，全面解答。

2. 读懂他人言语中的客气

人与人相处会互相谦让，这是文明礼仪，也是我们常说的客气。但客气分真客气和假实在。假实在不是故意为之，它是"让一让"的意思，所以需要我们分清什么是真邀请，哪些是礼貌相让，以免双方尴尬。

生活中我们经常碰到这样的事情，比如几个朋友相约一起吃饭，要商量事情，可是这件事被另外一位朋友知道了，关系都不错，出于礼貌就让一让，说没事咱们一起吧，如果那位朋友听出来话中的意思是礼貌相让，他就会礼貌拒绝，如果听不出来话中的意思跟着去了，另一方就会尴尬。

职场中也一样。同事们加班很晚，都没吃晚饭，领导说："这么晚了大家辛苦了，要不咱们一起吃吧？"听完有的同事很兴奋，说领导请客太好了，其他人表示我们自己吃吧，您也辛苦了赶紧回家吧。领导说："好吧，少数服从多数，正好家里还有点儿事儿,今天你们一起吃,改天我请客。"说完领导走了。那位等着领导请客的同事说你们怎么知道的,一位同事说:"领导说的是要不咱们一起吃饭吧,而不是直接说咱们一起吃饭。"那位同事这才明白过来了。

有一次我参加会议,与会人员都是行业翘楚和领导专家,大家针对问题进行讨论。所有人都发表完意见,主持人让我也说说,这种情况是我有过经验教训的,我知道现场都是领导和大咖,主持人只是礼貌相让,于是我委婉说了几句客气话,表示自己是来学习的。说完后领导看着我笑了,意思是成熟了。

不做话语的终结者:别人客气相让,你要礼貌谢绝。

3. 重视每个善意提醒

人们说职场如战场,这个战场没有硝烟,它不像真正战场那样冲锋陷阵,拼个你死我活,这个战场是人生奋斗的拼搏篇章,这个战场帮助我们实现自我人生价值,这个战场上每个拼搏的章节都伴有泪水和荣耀。

成年人的世界不似青少年时期那样清澈透明,有话直说,成年人看人看事也绝不是灰暗阴霾,经过岁月的磨砺和生活的洗礼,成年人慢慢地适应了周遭的环境,从有棱有角变得外圆内方，面对突发事件能够置身事外，审时度势，以局外人的眼光观察事情发展的动态。

不识庐山真面目，只缘身在此山中。局外人观局内事比较透彻，但看透不说透；局内人看局内事容易模糊，只因身在此山中。职场新人入职后会一门心思扎在工作上，努力完成单位部署的工作任务，实现自我价值。工作中的坎坷或失败能让人保持冷静，成功后的喜悦往往会使人迷失方向。

有位新员工入职后身心全力扑在工作上，经过一段时间的努力，收获了成功的喜悦，面对一时的掌声他没有沾沾自喜，而是戒骄戒躁继续全力以赴，通过不断地拼搏为自己赢得了一席之地。也许是工作顺风顺水的原因，让小心谨慎的他开始松懈，甚至有些膨胀，有意无意地凸显自己。领导看出了端倪，善意地提醒道："工作以来你非常努力，安排给你的工作任务你都出色地完成了，为你感到骄傲。接下来要续写'辉煌'，前途不可限量。"听后他感谢了领导的关心，心里美滋滋的，但他没有在意领导说话时的用词，只当平常的夸奖，依然我行我素。没过多久，他被调离了原来的工作部门，也从一线工作岗位调整到二线岗位。他不明所以，觉得自己工作没有出现过失误，于是找到领导问询，领导给的答复："你的工作能力很出色,但工作岗位是大家的舞台,台上不能永远只有一个主角。"听完他若有所思,好像明白了一些道理。

不做话语的终结者:没有人会说废话。

4. 用语言艺术化解潜在矛盾

人上一百,形形色色,世界上没有两片相同的叶子,即便是孪生兄弟姐妹,也各有不同。每个人看人待物都不一样,角度决定高度,认知决定观点,有自己看不惯的人,也有讨厌自己的人,这都客观存在。自己看不惯的人,我们不能用犀利言语对待之,逞一时之快,因他们是合理的存在;针对自己的人,我们不必愤怒回击,逞匹夫之勇,以免得不偿失。

人们在共同面对困难时抱团取暖、其利断金,安居享乐时却分东离西、各怀心事。成功易,守功难。历史上多少英雄没有因为驰骋疆场而马革裹尸,却因成功后的奢靡享乐、内部争斗而家破人亡。朝代的更替多是从安逸、内斗中来。

现在的人们生活在和平年代,日子越过越好了,钱袋子越来越鼓了,就出现了这样一群人,穿衣戴帽都像爷,三百六十五天都是节,闲来无事不管家,不管在哪把话搭,说话含沙射影,双重标准谁也不行。不管在哪儿都不乏这样的人。

小吴参加工作已有两三年,通过不懈努力取得了阶段性的收获,得到了领导认可,大家表示祝贺。有位同事的祝福却话里有话,说:"士别三年当刮目相看,一开始以为是个青铜,谁知却变成了王者,真是不简单。"面对酸溜溜的话语,小吴笑着回复:"我这个青铜费了九牛二虎之力发了点儿米粒之光。您才是王者,一直荣耀在身,是我学习的榜样。总想着有朝一日能跟您并驾齐驱,谁知自身配置有限只能望尘莫及。"同事听完笑了。

一次两人一起参加单位会议,与会人彼此都认识,那位同事看见小吴最后一个来到会议现场,调侃道:"哟,这是谁呀,我咋不认识呢,来来来,做个自我介绍吧。"小吴笑而答复:"大家好,我是小吴,今年28岁,喜欢运动和旅游,至今未婚,很高兴参加此次会议,希望在场的单身女士看过来。会议室的门是我第一个打开的,那么最后还是由我来完成关门动作,谢谢大家。我的自我介绍完毕。"说完后赢得了大家充满欢笑的掌声。后来那位同事不再跟他开玩笑了。

不做话语的终结者:怼怼不能化解尴尬。

5. 别有用心会得不偿失

人们生产劳作的源泉是对美好事物的向往，追求美好是人们做事的动力。动力是推动工作、事业前进和发展的力量，欲望是人类发展和活动的动力，动力与欲望有外在的联系，又有本质的区别。动力推动人们前进的脚步，欲望是人们对事物的不满足，所以，我们在追求美好时要适可而止。心有多大，你的世界就有多大，意指人们面对事物时要心怀宽广、有容乃大，不因小事斤斤计较，不被利益驱使而徒增烦恼。

"不想当将军的士兵不是好士兵"，这句话被引用在职场中，成为激励员工上进的至理名言，指对待工作要有积极的心态，通过不断努力取得好的成果。如果把这句话作为工作的动力，就会稳步前行，如果用来满足欲望之壑，也许就会出现问题。

某公司有位员工小刘，虽然只是个普通员工，但他有当"将军"的愿望，故而做事目的性很强，凭借自己不断的努力，赢得了部门领导的赏识，但因一件小事又让领导心生芥蒂。因他业务能力较强，为人也随和，很多同事都来请求他的帮助。时间久了，他觉得不能无休止地帮助他人而影响了自己的发展，于是做了一个决定：同事们再寻求帮助时，他表示自己很忙,委婉拒绝了。同事们碍于多次烦求于他,遂提出让他以参与者的方式共同做事,并在项目上写上了他的名字,他"不好意思"地答应了,以至于好几个原本与他无关的项目上都有他的名字。领导看到项目书上多出来的人名有些不知就里,问其原因,同事们说把"出力"的都加上了,领导瞬间明白,拿着项目书来到员工办公室召开临时会议,表示公司所有工作部署都是专人专项,严禁私下"交易",请大家遵守规章制度。会后小刘陷入沉思,才明白自己被欲望驱使,越走越远。

不做话语的终结者:欲望驱使的话语堪比毒药。

6. 见招拆招对两面三刀

有人跟我说单位里绝不能招惹这三类人:漂亮的、领导身边的、啥也不干的。对这种观点我一直不以为意,心想做好自己分内之事最重要。工作是满足与被满足的关系,员工通过劳动为单位创造价值,同时获取报酬,满足自身需求。我们不会刻意招惹谁,毕竟都是合作关系,不管是同事还是领导,只要坦诚相待,相互配合完成工作,保持正常同事关系是最佳状态。但职场中,人与人相处除了合作关系外,还存在竞争关系,所以做事还要谨言慎行,不害人但需做好防备。

职场中有一类人需要我们多加留神，他们处事圆滑、左右逢源，对人待事看似人畜无害，平日里笑呵呵，谁也不得罪，感觉很好相处，背地里说一套做一套，随手放大招，有意无意乱捅刀。这时我们要保持清醒头脑，见招拆招，不上他的套儿。

我自己就遇见过这样的人，虽然已过多年，但记忆尤深。那时我刚参加工作不久，属于涉世未深的毛孩子，觉得同事都很好相处，说话办事直来直去，直到碰壁才如梦初醒。有位同事对人很热情，一来二去彼此熟悉了，工作之余常常一起聊天。有一次，聊起工资的事情，他说工作这么多年了，就这点儿薪水根本满足不了日常开销，说完问我对工资待遇满意不，我说像我们这样刚毕业的有份满意的工作就不错了，至于薪资待遇都是以后要考虑的事情，虽然现在挣得不多，但未来应该会有所改善。当时觉得这样回答应该没问题，可是没过几天，单位里刮了一阵舆论的风，意思是现在的年轻人刚参加工作就嫌工资低，业务技能还没有长进要求倒是很高。风过了，那位同事又开始发起其他话题，评论领导、议论同事等等。吃一堑，长一智，对于这样的敏感话题我回以一个"好"字为主，不给他人断章取义的机会。

不做话语的终结者：评人论事抓优点。

7. 弦外之音需认真思考

人的丰富的情感是任何生物都无法比拟的，除了亲情、友情、爱情这三大情感之外，还拥有其他细腻、微妙的情感，这些细腻、微妙的情感是人们在为人处世时可以感触到的，有的类似亲情，有的恰似友情，还有的感觉是爱情。比如同事之间是工作关系，但从情感上又有友情的感觉；与朋友相处久了会产生类似亲情的情愫；与心意相通的人在一起时会让你怦然心动，好像是爱情的萌发。这些情感很细腻、很微妙，需要我们用理性来厘清。

人是情感动物，很多事情在人的复杂的情感影响下会产生偏移，比如公平，它是每个人都享有的权利，但是在情感面前会有浮动，除法律面前人人平等之外，大多数公平都是相对而言。一个国家，不同城市发展不同；一个家庭，不能把一碗水端平；一个单位，也不是人人都能晋升。

每个单位或公司都有奖惩制度和人事晋升标准，人往高处走，谁都想通过努力得到相应回馈，在众多竞争者中脱颖而出。有人感觉势在必得，有人期盼众望所归，在尘埃落定之前都"先谋而后动"。

某单位评选优秀节目，参加全国奖项角逐，在揭开评选结果的面纱之前,领导说了这样一番话:"我是一个努力拼搏的人,清醒的头脑和不断进取的精神是我的制胜法宝。我喜欢生活,生活使我感到快乐,使我感到快乐的源泉是我懂得什么叫'延迟幸福'。因为我坚信,幸福从来不会缺席,但有时会迟到,为了享受幸福的快乐,我选择耐心等待。"

说完领导回到座位,主持人揭开结果的面纱。被选中的喜气洋洋,落选的心有不甘,听懂领导这番话的开始准备新的目标,志在必得而没得的心有不甘,想问个究竟。

不做话语的终结者:改变不了的事情不要再去理论。

8. 面对话里有话,必须坚定立场

俗话说,苍蝇不叮无缝的蛋,这话绝对是话糙理不糙。千里之堤溃于蚁穴,也是这个道理。世间有些人喜欢见缝插针,打擦边球、走捷径去谋取利益,把富贵险中求发挥得淋漓尽致,铤而走险、以身试法在所不惜。走捷径需要里应外合,他们就像狡猾的狐狸一样,目标直指落单的猎物,然后一步一步引诱猎物以达到最终目的。如果上了不法之人的贼船或许有去无回,终究难以回头。

官不在大,现管就行;权不在重,关键就行。有人身在重要岗位，只因对自己把关不严而被拉下水。世上什么药都有，唯独没有后悔药。不管你在哪个单位，负责哪个岗位，都需克己奉公，既不能成为被腐蚀的对象，也不能牵线搭桥去当某些人走捷径的阶梯，更不能因为"不当话语"被人抓住把柄而惹祸上身。

　　某企业有位库房管理员，日常工作就是清点物资，查验货物，做好入库、出库、存储记录。他是单位普通的职员，没有高职位，也没有大职权，但仍有许多人找他"办事"，只因他有库房的钥匙。别看这把小小的钥匙，它却能打开欲望的枷锁。有位经常送货的人，看到这里有"商机"，有意无意地开始跟这位管理员搭讪，想混个脸熟，最终要达到自己的目的。两人闲聊，送货人询问库房里废弃的货物怎样处理，管理员说废弃的货物就是一堆废铁，等放不下了再做处理。送货人继续询问这些废铁是否也要记录下来，职员表示有记录但不全面，送货人听完眼睛一亮。接下来送货人开始出招了，找个机会请管理员吃饭，酒过三巡，菜过五味，开始进入正题，说库房管理员的单位财大气粗，废弃的物品随意扔在那里真是可惜，管理员说那是单位的事管不了那么多，送货人岔开话题不再过问。往后的日子，送货人总是找借口请管理员吃饭，管理员被糖衣炮弹拉下水,做了不法的勾当,最终尝到了法律的苦果。

不做话语的终结者:嘴不松动,身就不会行动。

(三)德才兼备

电影里有句台词"21世纪最缺的是什么?人才啊!"其实,不管哪个年代都需要有才能的人,而且是德才兼备的人。我们现在生活在和平年代,国与国的竞争最终还是人与人之间的竞争。家庭孕育生命,学校教书育人,单位培养精英,社会筛选人才,国家启用栋梁,从小到大,从里到外,从弱到强,人决定了一切,社会的进步和发展大都是由德才兼备的人推动的。

教育是立国之本,是发展大计。从书本教育到素质教育,从德育培养到实践锻炼,教育随时代而发展,依脚步而变迁,无不体现出国家对"未来"的重视。从接受基础教育到完成专业教育,一个人的学生身份圆满结束,由此步入社会,深入职场,真正成为一名"社会人"。成为"社会人"的我们,缺少家庭的庇佑，没有老师的点拨，前路漫漫，我们需要有"拓荒者"的勇气和智慧，去耕耘属于自己的一片天地。

做事先做人，是传承祖辈的为人之道。大部分人都坚守遵循这则古训，但有些人为了名和利，不惜把道德和尊严踩在脚下，以法律红绳为底线，谋求一时的"发展"，殊不知，这种荒唐的举措终究害人害己，有句话说得好，抬头看苍天，苍天绕过谁。老老实实做人，踏踏实实做事才是亘古不变的道理。

1. 选择适合自己的道路

人的一生就是奋斗的过程，谁都不希望一辈子碌碌无为，一颗上进心推动人们砥砺前行，暮年回首，不必因年轻时浪掷青春而追悔莫及。单位给我们提供了施展才华的舞台，工作检验我们的业务能力，说话显示我们的格局水平。

不忘初心，方得始终。在为目标和梦想打拼的道路上，结果固然重要，但过程会决定最终的答案。就像一名驾驶员，驾驶汽车行驶在路上，虽然路况很好，但路却很长，谁也不知道在漫长的道路上会发生什么事情。人生也一样，从出生到终老，这个过程充满各种可能，谁也无法预知未来的事情，只能握好手中的方向盘，选择适合自己的道路行走。

我曾经多次想过，自己的人生应该怎样度过，最后发现这想法是徒劳的。因为规划和现实相差很远，所以我得出这样的结论：不忘初心，适者生存。

有人说，人都是在夹缝中生存，一开始我不理解这句话，后来我渐渐明白其中道理，我对此话最深的感触便源于职场。起初我认为，工作就是把该做的做好，后来我才知道，做好事情只是一方面，还有一方面是"把人做好"。把人做好，一是讲品德节操，二是讲处事方法，前者清晰明了，后者精深微妙。

有位朋友很少发社交动态，尤其是生活娱乐动态，问其原因，他说，身在职场没那么自由，一个不小心，没准儿就能惹出事端，遭人议论。他的话我感同身受，我自己就曾因随手发布与同事一起玩的社交动态引起过"事端"，面对同事的责问，当时我极其不理解，后来才有所感悟：我们自己认为平常之事，在别人眼里有可能变得不平常。

与前辈喝茶，我提出了自己"为人处事"的困惑，他说："我们现在喝的是岩茶，岩茶生长的环境很特殊，制茶工艺很独特，沏茶时对水温、时间要求极高，多一秒，少一度，味道相差很大，所以更适合功夫茶。"说完他看着我，似乎等待我的回话。

思量片刻我说:"茶道如此,人道也如此,不同环境有不同生存之道。"前辈点头接着说:"在职场,要找到适合自己的存在,高点儿,低点儿,都不行,就像喝茶,喝的是味道,但要掌握好火候。这个不容易,慢慢品吧。"

不做话语的终结者:说话前找准自己的定位。

2. 永不自满,边学边干

活到老学到老,是人的求知精神,是因人对未知事物充满了探索的兴趣;三人行必有我师,是我们倡导的学习态度,是我们看了自己的不足而学习他人的长处。人无完人,谁都不能十全十美,唯有不断地学习才有可能掌握"未学之道"。

坐井观天,只能蒙蔽了我们的双眼,让我们不知道天外有天;闭门造车,只会令我们循规蹈矩,不会让我们找到发展的方向;礼贤下士,自降身份,才能让我们结交有才德的人;不耻下问,敏而好学,秉持这种好学精神,我们在职场这条道路上永远不会丢失颜面。

人如果丧失了学习的能力,终将被社会淘汰。自己的能力撑不起自己的野心,是多么的悲哀。所以,我们在职场要始终保持竞争意识,不是赶超谁,而是赢自己。我们要拿出运动员的状态，时刻准备着迎接下一场比赛，在职场这条赛道上不要轻易认输。

在我身边，有很多老年人依然在学习、在工作，这不仅是丰富晚年生活，更是圆人生梦想；同时，也有很多年轻人在享受生活，他们不是在减压，而是不想工作。老年人珍惜时光，虽然他们已经功成名就；青年人享受时光，哪怕他们什么也没有。

我的许多前辈和老师，虽已退休多年，依然站在播音主持专业的教学讲台上，很多老师已年过八旬，他们精神抖擞、一丝不苟，边学边干，把专业知识传授给学生们。为什么说边学边干，因为我感受到了老师们的学习态度——活到老学到老。有一次，我接到一位播音前辈的电话，电话内容是请教教学问题，话语特别谦虚和蔼，同时让我不要有任何顾虑，还解释说他们老了，有时跟不上社会的节奏，不学习就跟不上时代了。不知各位怎么想，我是从惊讶到震惊，从震惊到蒙圈。我很庆幸自己身边有这么多位前辈和老师，我不仅得到了他们的指点和帮助，还从他们身上看到了为人的态度——虚怀若谷、精益求精。

不做话语的终结者：说话谦卑是做人的态度。

3. 自身强大是最好的话语权

从小我有一个信念,是谜之自信的信念,这个信念我看到了,也得到了,全国人民都是见证者,这个信念就是祖国的强大。

这个信念在我小学时期萌发,源于英语课。那时在我幼小的心里有个没人能给出答案的疑问,为什么中国人要学习其他国家的语言,为什么其他国家不学习中国话,但同时也有一个信念,总有一天其他国家一定会学习中国的语言。都德的《最后一课》中写道,"掌握了自己国家的语言,就如同掌握了打开希望之门的钥匙",这让我的信念更加强大。也许是因儿时的信念,我才与语言艺术结缘并成为一名有声语言艺术工作者吧!

随着年龄的增长,我见证了祖国的发展,看到了国家日新月异的变化,也看到了很多外国人在学习中国语言,我感到莫名地骄傲和自豪。2020年,一场突如其来的疫情,让全国人民看到了祖国的坚韧;控制国内疫情,援助国际社会,让全世界人民看了中国的强大。这种强大并非强势,而是不惹事,也不怕事;这种强大心系世界,送温暖,维和平,展现大国担当。

国家强大,人民骄傲;人民强大,国家自豪。自身想要变强，打铁还需自身硬，精湛的业务能力、谦虚的求学态度、谦逊的处事品格、精诚的团队精神，哪一项都少不了。

不做话语的终结者：自身强大才有更多的发言权。

4. 居安思危方能行稳致远

图功易，成功难；成功易，守功难；守功易，终功难。这句话指图谋建功立业容易，真正成功立业很难；成功立业容易，守住功业很难；守住功业简单，守住一世功业很难。这也说明一时的成功不代表一世不败。古人尚且如此，今人更该常存居安思危之心。

家里长辈也提醒过我，不要为一时的成功而止步不前，要时刻牢记"居安思危"，总结经验教训、稳抓稳打，才能利于长远。国家如此，家庭如此，个人亦如此。人生就像坐过山车，上坡缓慢，达到最高点只做短暂停留，接下来急速下降并让人惊慌恐惧。人在奋斗时，取得的成就以点滴计算，当努力收获成果时，只是短暂的成功，如果被胜利冲晕，会即刻跌入谷底，大起大落就是这个道理。

现实生活中，有多人因为"成功易，守功难"而遭遇人生的"滑铁卢"。有位朋友工作能力很强，屡屡为公司创造佳绩，自己也获得了丰厚的回馈，可谓名利双收，同事们都管他叫"常胜将军"。或许是工作上太顺风顺水了，或许他认为自己真的是常胜将军了，开始忘乎所以了。公司一位副总即将退休，同事们都议论"常胜将军"肯定会升任副总职位，他自己也是这么想的。传闻随之风生水起，同事们望风而动，都提前称呼他为"副总"，他没有避讳，欣然接受。竞聘结果出来却大相径庭，他没有得偿所愿，不解其意，遂找领导询问，领导只说了八个字。

不做话语的终结者：高调做事，低调做人。

5. 找一个原谅他人的理由

小说里有这样两句话，"人不犯我我不犯人，人要犯我我必犯人"，"忍无可忍无须再忍"，尽显江湖气息，最后的结果就是不停地报仇，互相厮杀，双方永远处于追杀和被追杀的状态，而且循环往复，他们活着的目的就是两个字"复仇"。

小说属于文学艺术，艺术创作源于生活但高于生活，甚至脱离生活，创作者为了阅读效果，而运用多种艺术手法丰富剧情，让人们产生共鸣。现实生活中，如果都侠肝义胆、替天行道、奋起直追、刀光剑影，社会早就乱套了，不仅得不到发展，而且人口也会越来越少，可能都忙着复仇去了。

　　小说里还有两句话，"冤冤相报何时了"，"夫妻没有隔夜仇"，分别从社会和家庭两方面阐述了"万事和为贵"的道理。中国人自古讲究"缘"与"和"，与你有缘、和气生财，才能相安无事。小不忍而乱大谋，退一步海阔天空，这何尝不是人们遇事处事的方法呢？可有些人不这样认为，"人争一口气，佛受一炷香"，成为他们的"座右铭"，因鸡毛小事争得面红耳赤、出言不逊、大打出手者不在少数，不知道是因为"面子"，还是为了"争气"，不管结局如何，肯定会生气上火。

　　单位里有两位同事，因工作产生了小摩擦，开始是意见不一、各说各说，后来升级为互相指责、反唇相讥，最后衍生成道不相谋、无话可说。领导与同事纷纷劝说，谁也不低头，并认为谁先低头谁就输了，必须争口气。看着两人气呼呼的样子，跟小孩儿吵架没什么区别，大家觉得又好玩儿又好笑。但工作还得继续，必须产生交集，两人别别扭扭、赌气工作，还把坏情绪带到了家里，与家人倒苦水，与朋友吐心情，大家表示低头不见抬头见的，又不是深仇大恨，犯不上互相较劲。一星期过后他们不闹了，也许都累了，或许是消气了，大家不知道两人怎样冰释前嫌的，反正是没事了。

不做话语的终结者：原谅他人就是放过自己。

6. 互利才能共赢

单位录取有才干的人员，个人选择有发展前景的单位；单位不养闲人，员工不吃白饭，互相匹配才能发挥最大效应。互相选择，彼此匹配，只是第一步，要想合作长远，还要互利双赢，共同发展。员工为单位创造价值，单位为员工提供薪资待遇；员工为单位做出非凡贡献，单位也要为员工提供发展前景。二者如果不能互相成就，都会影响双方关系。

不想当将军的士兵不是好士兵，在战场上打不赢仗的也不是好士兵，赢得胜利的士兵没能当成将军，肯定是将军没提拔取得胜利的士兵，如果这样，将军与士兵就会产生矛盾。

朋友在一家私有企业任职多年，为公司创造了巨额利润，但薪资待遇只是小幅上涨，基本与同行业持平，从工作业绩来看，这份薪资待遇显然较低，对此朋友找老板谈话，委婉地表达了自己想法，老板爽快答应，并允诺两个月后升职加薪。两个月后朋友没有升职加薪，原因是老板用两个月时间找了一位可以替代他的人，朋友提出辞职，老板欣然同意。辞职后，朋友去了另一家公司，薪资待遇比以前高很多，重要的是新公司与原公司是竞争关系。前老板得知后，主动相约，想让他回去，并再次允诺"加官晋爵"，朋友微微一笑。原公司的员工知道了这件事后，各怀心事，没过多久相继有人离开，加上同行的竞争，公司逐渐衰败。

还有一位私企老板，与这位"心机老板"的做法截然不同，严格按照公司奖惩制度办事，主动为取得成绩的员工升职加薪，大家看在眼里，做事更加用心，公司蒸蒸日上。

不做话语的终结者：说话不要出尔反尔。

7. 新兵需要老兵带

人类文明世代传承都是老带新，过去各行各业讲究师父带徒弟，现在除去一部分行业还有师徒之分外，其余都以老师和学生相称。俗话说，教会徒弟饿死师父，所以师父教徒弟都会留一手，为的是保住手中的饭碗。时至今日的职场，依然有这样的风气。

长江后浪推前浪，历史的变革，朝代的更替，新旧的转换，技能的革新，生命的生死，这些都是事物的自然规律，谁也打破不了，但有时会被人为阻挠，不是有意为之，而是自我保护。在国内，不管是官场还是职场，论资排辈、约定成俗，人们都遵循这一"生存法则"，晚辈对前辈谦虚恭敬，前辈对晚辈爱护指引，彼此相处愉快，如果一方打破"行规"，也许麻烦就会上身。

小陈在某地方传媒机构上班，属于事业单位在编人员，凭着自身业务能力和社交能力，在单位有了一席之地，同时也拥有了大量粉丝，这让他忘乎所以，逐渐膨胀起来。有前辈善意提醒，他非但不虚心接受，私下里还对前辈评头论足，这让很多人看不惯他的做法。在个人评优时，包括那位前辈在内的很多人都投了反对票，这时他才认识到问题的严重性，火热滚烫的心随即被扑灭，他的目中无人换来了他人的冷眼相待。

还有一位前辈，嘴上说现在是年轻人的天下，要为晚辈创造机会，行动上却处处打压晚辈，生怕自己的饭碗被别人抢了，到头来生病没有几个人去看望，退休后更是一片凄凉，被他打压的晚辈都有所成就，与他再见时冷若冰霜。真可谓风水轮流转，早知如此何必当初。

不做话语的终结者：说话不要坏了规矩。

8. 掌控好说话的距离

社交距离是心理学术语,由心理学家提出,是指人作为个体,需要在自己的周围有一个能够把握的自我空间,这个空间的大小会因不同的文化背景、环境、行业、个性而不同。当人们进行交际的时候,交际双方在空间所处位置的距离具有重要意义,它不仅告诉我们交际双方的关系、心理状态,而且也反映出民族和文化特征。

这种空间距离包括:亲密距离,0—45cm,适合夫妻之间;私人距离,45—120cm,适合亲朋好友之间;礼貌距离,120—360cm,适合一般交际及办公做事;一般距离,360—750cm,适合在公共场合参加活动。从四种分类可以看出,人类在不同的活动范围中因关系的密切程度而产生相应的距离。

以上是心理学家划分的社交距离,可以说是"外在"的,那么"内在"的社交距离是什么呢,我认为是人们在语言交谈时的态度,是一个人对他人及事物的主观和客观的认知意识,通过自己的主客观判断,最后做出相应的态度,它不受距离远近的制约,全在说话时的状态,好的态度拉近距离,坏的情绪则相反。也就是说,说话的冷暖会影响人与人之间的关系。比如陌生人之间交谈甚欢成为朋友,朋友之间言语不和而彼此陌生。

人与人话语交谈不仅要保持正常的社交距离,还要把控好说话时状态,包括情绪、动作等。职场中我们与人相处应格外注意,以免引起误会。

古有朝廷"党争",今有单位"分派",这一"产物"不分时代,它有共同特点,表面和气生财,背后明争暗斗,如不小心误踩,麻烦不请自来。

下面这件事发生在一位老大哥身上。那时他刚参加工作,因为是新人,所以在单位与人相处都谦虚客气,随着时间推移,渐渐与一些同事彼此熟悉,在单位里一起吃饭、聊天,还得到不少照顾。又过了一段时间,他与其他同事也熟悉了,相处得也非常愉快,也得到了他们的"帮助"。但与他先熟悉的同事不搭理他了,有时因小事还针对他,他一头雾水,于是找个理由请客吃饭问清缘由,但人家都没有直言,他也没再多问。吃饭这件事被后一波同事知道了,他们对他的态度与前一波人如出一辙,这让他更是雾里看花。后来有前辈帮他分析,认为他陷入了"站队"的漩涡,时间差让双方都给了"好处",请客吃饭又遭到两方的"排斥"。所以,他保持了正常的社交距离,如果不是因为自己的"不知所以",没把控好说话状态(冷暖)的距离,他也不会与同事发生"火热"的关系,就不会发生这样乍暖乍冷的事情。

这仅是一个事例,还有其他与社交距离相关的情况。比如:男女之间不能交集过多,会被误认搞暧昧;同事矛盾别去说,总有一方来针对;不去参加小聚会,酒后直言最遭罪;领导批评话别多,没有什么大效果;看清形势别说破,默默无闻不犯错。

不做话语的终结者:说话保持"距离"才会产生美。

☆**本篇小结:**
职场人心隔肚皮,一定保持好距离。
谦虚谨慎明事理,评人论事不参与。
骄傲自满是大忌,为人处事要和气。
哪怕受点小委屈,也别找人去评理。
抓紧时间创业绩,争做祖国好儿女。

第三篇

人际交往

世间有人就有事，事由人而起，人因事相交，人的一生就是不断地接触人、不停地处理事的过程。结识新朋友，维护老友情，家中顾老小，出门忙应酬。感触人情冷暖，体验人生百态，有人如鱼得水，有人步履维艰。如果有人问世界上最大的幸福是什么，我的答案是：人处好了，事办妥了。如果有人问世界上最大的痛苦是什么，我的答案是：事办砸了，人还跑了。

如果有人问世界上最难的事情是什么，我的答案是：说对话，办好事。这是我儿时的观点，直到现在也未曾改变。总觉得自己事情办得不够漂亮，话说得不够地道，按住葫芦瓢又起，身心疲惫不说，还徒增烦恼。后来我觉得，凡事尽心尽力就好，最终结果不重要，重要的是问心无愧。

人际交往也指人际沟通，是人用语言、文字或肢体动作、表情等表达手段将某种信息传递给他人的过程。语言是人们传递信息的第一表达手段，所以人与人相处时说话起到决定性作用，说话不仅要把意思表达清楚，还要讲究方式方法，既检验情商，也测验语商。同一件事，表达能力较好的人会事半功倍，表达能力相对较弱的人也许会事倍功半。

有两位小朋友做同样的事情，表达方式不同，得到结果也不一样。一位小朋友对家长说:"妈妈,我写完作业了,还检查了一遍,现在天还很亮,楼下还有其他小朋友,我想出去玩儿,可以吗?"妈妈欣然答应了。另一位小朋友说:"妈妈,我想出去玩儿会?"妈妈问:"作业都写完了吗,检查了吗,楼下有人吗,你跟谁玩儿呀?"小朋友说:"作业都写完了,也检查完了,楼下有人呢,我跟邻居小朋友玩儿。"

显而易见,第一位小朋友表达很全面,一次通过,第二位小朋友没有一次表达清楚,以至于费了两遍口舌。

说话有两种效果:一是我们全方位阐述事态发展及个人诉求,只等对方明确表态;二是我们表达个人诉求,由对方根据我们所提诉求引导话题并最终作出判断。前者只需对方表态给出结果,后者需要对方掌握话语主动权,而且需要对方使用更多精力和注意力才能使话语向我们理想的结果去进行。

(一)"语"你相遇

茫茫人海中,你不认识我,我不认识你,一场特殊的缘分让人们彼此相遇,有的成为朋友把酒言欢,有的相恋成婚幸福美满，有的擦肩而过随风飘散。人与人相遇，因志同道合而聚，因行事不同而散，也因财而聚，因利而散。聚与散，往往只是一瞬间，聚散之间，言语交谈是关键，除去人们对事物的不同认知之外，大部分取决于说话的态度。说话时态度的好与坏，取决于话语者自身的"装备"，这包括学识、修养、阅历、财富、身份、地位等，这些"装备"聚在一起构成一个"光环"，戴在人的头顶之上，照耀全身，人们顶着光环，倍感荣耀，因为这是"资本"，人们利用这些"资本"获取好处，同时也受"资本"制约，言行会有所束缚。我们应该掌控好、运用好这些来之不易的"资本"，不能让它蒙蔽我们的双眼，也不要让它无用武之地。

纵观历史，强权者同时拥有权利和财富，他们没有掌控好、运用好权财去为江山社稷和百姓平安着想，而是肆意妄为、骄奢淫逸，引得一些义士替天行道、推翻强权，造成了朝代更替。周而复始，每个朝代的兴起和灭亡都是被各种"资本"蒙蔽了双眼，束缚了手脚，最后成为历史的一页。

再看今朝，有多少有权有势之人步了"前人"的后尘，他们仗势欺人、为所欲为，最后哪个落了好。拼爹的进了大牢，吸毒的上了脚镣，贪污腐败的已然潦倒，哪一个头上没有光环？

哪一个不装备齐全？最后却成了社会的罪人和人们的笑谈。

细节决定成败，态度把控未来，做事彰显品质，说话体现格局。说话不是一件大事，随口而出，轻而易举；说话也绝非小事，恰到好处，谈何容易？

1. 你我皆凡人，请说"普通话"

很多在城市居住的人会利用假期去郊外或乡村度假，享受田园风光带来的心身愉悦。清早伴着阵阵鸟鸣开始了新的一天，推开窗迎面扑来缕缕清香，走出门眼前一片自然风光，三两行人步行在石子路上，身边鸟语花香微风荡漾，疲惫心情被洗刷得格外舒畅。与城市的钢筋水泥相比，乡下生活更温暖惬意。尤其与老乡攀谈，就像和朋友聊天一样，听到淳朴善良的言语，自己也想多说几句。

不远的争吵声打断了我们的交谈，循声而去，映入眼帘的是一位富态之人，指着几位服务人员（老乡）破口大骂："让你们把房间收拾干净，答应得倒是挺好，现在呢，房间跟猪窝一样，这是人住的地方吗。知道今天招待的是什么人吗，如果不满意，你们担得起吗，如果让我难堪，保准把这里封了，一个个跟木头桩子似的立在这里干什么，还不赶快收拾去。"

几位低头不语的服务人员委屈地准备离开时，一位老者开口了："我看了半天了，忍不住了，你是他们领导吗，就算是领导也不该这样言语攻击，如果只是萍水相逢，你倚仗的是什么，权力还是金钱？"老人张嘴，其他看热闹的人也纷纷表态，指责富态之人口出狂言、无理取闹。眼见被这么多人围追堵截，似乎已经引起公愤，那人匆匆离开。

一个小插曲破坏了刚才和谐的氛围，就像这份记忆，前面都是美好，我们通过情景再现，可以品味那份怡然，但突然出现的"嘈杂"之声打破了我们心中的宁静，使人心生不快。

像这样口出狂言、搞"特权"者比比皆是。疫情期间，为了居民安全，出入小区或公共场所都要进行身份验证，人们大都积极主动配合，可总有人觉得自己特殊，非要搞特权，工作人员按章办事，遭到了不守规矩者恶语相向，而且那些不守规矩者还狂言"知道我是谁吗？你们领导来了也得放我进去"。事件经过民众曝光，引起全民公愤，最后他们不得不公开道歉并接受有关部门处罚。

你我皆凡人，不要搞特权，初次见面多多请教，不要为所欲为，等众人管教。

不做话语的终结者：放下"优势"，说话才能轻松。

2. 对网络暴力说不

可怜之人必有可恨之处，可恨之人必有可悲之苦，可爱之人别做令人憎恶之事。常言道，万事有因果，不是不报而是时候未到。以前，网络不发达，信息闭塞，人们知道的信息有限，我们每天获得的信息大都是身边的家长里短，这些家长里短会被人们用于茶余饭后消愁解闷，一笑了之；现在是自媒体时代，人人都可成为内容生产者，信息犹如山洪一样倾泻而来，社会的大事小情随之浮出水面，好人好事人们关注点赞，令人发指之事会招来一片声讨谩骂。

不做亏心事，半夜不怕鬼敲门。做了不该做的事情，不仅受到民众指责，还要接受法律制裁，我们都要三思而后行，不要等到后悔才明白，不要图一时冲动，毁了一世的清白。

国有国法，家有家规，触犯法律有国法处置，孩子犯错有家长批评，社会之事都有公正论断。虽说万事存在即合理，但也要接受悠悠众口的点评。话语权，是公民享有的权利，人们有权对事件阐述自己的观点，我们都应理性发言，对不好的事情，不能为了泄一己之愤而进行网暴：轻则问候祖宗十八代，重则人肉搜索人身攻击。俗语讲，狗急了还跳墙呢，何况人呢？

有位先生，做了不该做的事情，引起了人们的不满，有网友把事件上传到了网络，他引起了网民的公愤，网上骂声一片，有人仍嫌不过瘾，对他进行了人肉搜索，他的诸多隐私被公之于众，这让当事人从内疚变为愤怒，开始疯狂地报复，原本事情可以正常解决，最后却一发不可收拾。

有位花季少女，因买衣服与店主发生纠纷，店主把她个人隐私发到网络上，重压下，少女跳河自杀了。

网络暴力被人们关注，被拍成影视剧以提醒人们它的危害性。某剧中有一个女孩儿，只因没给老人让座，结果被网友人肉，网络暴力竟逼得女孩儿自杀身亡。这些事情足以说明，网络暴力对社会及个人造成的危害极大。那些施暴者也会受到相应处罚。

杀人不过头点地，赶尽杀绝势必遭到绝地反击，或疯狂报复，或以死回应，这些都不是我们想看到的结局。得饶人处且饶人，让当事人知错改错，可谓善莫大焉。每个人都是社会的一分子，既是参与者，也是监督者，遵守法律法规，维护社会稳定，不管面对什么事情，都应理性处理，您说呢？

不做话语的终结者：对事不对人，就事论事。

3. 说话做事别"双标"

成年人的世界里，人们说话不会"随意"而是"有意"，不随便与人接触，与有"利"之人交往，选择性、目的性很强。有人指出，成年人要做"减法"，不必要的饭局没必要参加，远离无用的社交和生活，要学会"断舍离"。也有人说，饭局就是机会，社交那是机遇，办事讲究人脉，遇事得有关系。两边说的都有道理，但现实中人们无法说到做到，就造成了矛盾心理：做减法的人会思量社交的意义，考虑去不去参加饭局；努力社交的人想提升人脉的质量，琢磨着怎样舍弃不必要的关系。最后一边做减法，一边做加法，没办法舍弃就得两者兼顾。

人们为办事而有目的地说话无可厚非，但日常人际交往还处心积虑、唯利是从，就有点儿"心机"了。

某部电视剧有这样一位人物，衣兜里总是装着两包烟，一包好的，一包次的，遇见领导递好烟，同事相处掏次烟，他被同事发现后，不仅没有脸红，还表示自己抽的也是次烟，把双重标准发挥到极致，处世为人那叫一个精明。

现实生活中，人们经常"双标"，对自己一套轻标准，对别人一贯严要求，我能你不能，你做我批评。公园里有人摘花给孩子玩儿，有人指责摘花者没素质，花也有生命。说完不久自己站在花丛中照相,无视旁边"花草皆有生命"的提示标语,俨然忘记了自己用这句话批评人的时候。像这样的事情随处可见,总结出来只有一句话:把道德作为标线,我做情有可原,你做情理难容。

做人应言行一致、表里如一,这道理小孩子都明白,可是在成人世界里却有了双重标准,因人而异,厚此薄彼,同一事情对不同人物会区别对待。所以,说话办事不能"流量化",一时之快会稍纵即逝,细水长流才天长地久。

不做话语的终结者:返璞归真,说话自然。

4. 生活需要慢半拍

我们国家正处于经济高速发展中,祖国强大,人民自豪,人民幸福,国家骄傲。以前有人把中国比喻成沉睡的雄狮,现在沉睡的雄狮已经苏醒,正在全力奔跑,短短几十年,中国让全世界人民知道——大国已经崛起,正在书写新的辉煌。

社会发展迅速,各行各业全力以赴,人们也从步行变为小跑,紧跟时代的脚步。城市街头,随处可见匆匆上班的人们,有的快步疾行追赶公交车,有的驾车狂奔争分夺秒;乡村田野,一眼望去到处是辛勤的身影,烈日下挥汗如雨,日落时收起疲惫。这是人们奋斗的真实写照，这是幸福生活的唯一保障。

当人们专注做一件事时，通常会疏忽其他事，努力拼搏会减少陪伴家人的时间；驾车高速行驶欣赏不了周边的风景；双手可以互相协助，但一人却分身乏术，有得有失，这是人生常态。人们步履匆匆时，会忘记原本生活的意义；人们追求物质与精神享受时，会变得敏感矫情。

生活中，我们经常遇见彼此陌生的人，因小事而互相攻击，大打出手。究其原因，是快节奏的生活状态使人缺少耐心变得易怒。遇事时如果当事人没有理性处理，而采用了过激行为，会导致事态朝着不好的方向发展。路怒症，是个典型的例子。

新闻报道中，有两位司机因行车不当，开"斗气车"，在公路上互相追逐、使坏，一位司机还把牛奶泼到另一辆车的挡风玻璃上，差点引发交通事故，双方被带到警局后怒火马上熄灭了，不是两人不懂事，而是没有时间思考，忙中出错就是这个道理。还有一位司机，过红绿灯时，前方车辆在绿灯还有三秒时停了下来，他也急速停车，停车后立马下车找前方车主理论，并与对方发生肢体冲突，最后这位"路怒"司机受到了相应处罚。交通标语"宁停一分不抢一秒"，提示我们再有急事也不能拿自己和他人的生命开玩笑。

医患关系紧张一直是难以解决的社会热点问题，多数情况下，病人家属的"急"，是造成关系紧张的关键。送亲人去医院风风火火，办各种手续急急忙忙，等待时心情急切，没有达到治疗预期急火攻心，面对医生平静的表情又"急于出手"，可谓把"急"发挥到了极致。这种"急"的心态，大家都理解，可如果医生操之过急，就不能专心诊治。救死扶伤是医生的职业操守，谁也不敢拿病人的生命开玩笑，医者仁心是医生的职业道德，谁也不会轻易毁了"白衣天使"的名号，相信只要是在正规医院，遵守职业操守的医生都会全力救治病人。

快节奏的生活提高了人们的办事效率，但在处理其他无关紧要的事情时显得过"急"，这就会造成人们对自己有利的事极其在乎，甚至与陌生人吵架斗殴；遇到生活琐碎的事随意处理，只要不是影响自身的"大事"，其他都无所谓。可是事情不会如想象中的理所当然，怒气冲冠带来的后果不容小觑，当事人轻则生气发火，重则受到指责乃至处罚。赠人玫瑰，留有余香；说话带刺，双方互伤。做事一样，急于求成，急功近利，不仅达不到理想效果，还会因此而白费周折。所以，快节奏的生活需要"慢半拍"，在处理问题时给自己预留一个思考的时间。

不做话语的终结者：急中生智难，急中生气易。

5. 一味依靠经验识人未必准确

读万卷书，不如行万里路，行万里路，不如阅人无数，阅人无数，不如贵人指路。这些是人们的经验之谈，是人的成长经历转化为生活阅历的过程。人拥有很多与生俱来的能力，善于总结归纳是其中之一，在挫折失败中得到的感悟最多，走的路多了，经验也就多了，后面的路自然就直了。

经验之谈，用在教育晚辈、点拨他人、指导工作等都没问题。如果把它用在评人论事上，就有些自以为是，尤其是与初次见面的人说话时，不切实际的经验之谈会成为无稽之谈。

我们身边有很多人，经常仅凭一个人的外表或几句话，就盲目地给人下定义，认为他（她）是怎样的人，用"阅人无数"的经验去直接评价别人，这样做是不是显得过于草率呢，这对被评价的人公平吗？

我曾经遇见过一个研究星座的人，初次见面仅说了几句话，她就要猜我的星座，我觉得很有意思，爽快答应。然后她非常自信地说了一个星座，我摇头，她很诧异，意思是她不可能猜错，但她从我坚定的眼神中看到了答案，然后继续猜测，直到说出最后一个星座才猜对。她淡定的表情没有了，取而代之的是惊讶，问我是不是在跟她开玩笑，我肯定地重说了一遍自己的答案。

一位从事社会心理学工作的老师,同样犯了经验主义的错误。在一次讲课中,有位学员问了她一个问题,她没直接回答问题,而是说自己能从这个问题当中判断出学员的脾气秉性和家庭状况,学员洗耳恭听。当老师说完,学员摇头否定,老师问学员是不是不敢承认,学员再次摇头,老师问自己是否判断错误,学员点了点头,老师瞬间脸红了。

人不可貌相,海水不可斗量。这句话的意思成年人都懂,可是经常有人自信满满、刚愎自用,对不了解的事、不熟悉的人妄加揣测和评论,结果被"啪啪"打脸。

生活的经历给了人们经验,但经验在人际交往中最多起到"仅供参考"的作用,它不是标准,也不是问题的实质,不能用错了地方。

不做话语的终结者:不要随便给人下定义。

6. 伤害性不大,侮辱性极强

伤害性不大,侮辱性极强。这句话是近来流行的网络用语,指不费多大气力就让对方感受到自己的人格被侮辱了。通常的做法是以小博大,通过某种细节的暗示,让一些人产生尴尬的心理，多用于调侃玩笑。其实，这种做法如果使用不当会对他人的人格造成伤害，大家不要轻易跟进效仿。

我平时喜欢户外旅游，不分春夏秋冬，经常一身休闲装扮，牛仔裤搭配马丁靴，袜子是毛巾袜。在同时代人的眼中，这身不分季节的打扮没问题，可在老人眼里就不一样了。冬天天冷，老人觉得穿得暖和点儿应该的，到了夏天，老人看我还穿着高腰的靴子，里面还是毛巾袜，于是说："你春夏秋冬都穿一样的鞋和袜子，冬天防风保暖，夏天也不着凉哈。"听完我笑了，赞叹老人家说话的水平，没有正面批评我，却暗指我不知冷热。可谓伤害性不大，但侮辱性极强。

生活中谁也不会故意为难谁，有些事情更是看透不说破，作为成年人，相处时都会留有余地，为的是他日再见还能笑脸相迎，但人要有自知之明，不要自取其辱。

在某地风景区外排队入门，大家都井然有序，可是有两位中年男士却不守规矩，趁人群混乱偷偷插入队中，站在了一对母子的前面，他们的举动早就被大家发现了，有人喊"插队的出去"，两人假装没听见，厚着脸皮依然站在队伍里。这时，那对母子中的孩子问妈妈："妈妈，那两位叔叔是插队吗？"妈妈出于保护孩子点头答应。孩子接着说："老师说过，幼儿园放学要排好队才能出园门，而且不让我们乱插队。"孩子的声音不大，但足以让周边的人听到，那两位插队的人自然也听到了，孩子天真无邪的话语，如同耳光一样拍在他们的脸上，让他们尴尬无比，于是他们灰溜溜地离开了队伍，消失得无影无踪。小朋友的无心之言，给两位大人上了一课。

  一位男士给女朋友买了个仿造的名牌包，还在大街上炫耀，女朋友不知道这包是假的，很高兴，仔细地翻看着。旁边的一位年轻女士看不惯那位男士的做法，同时也认出了这是个假包，然后上前说道："哎呀，这可是今年新出的限量款，我托人买都没买到，你男朋友对你可是真好，这么难买的包居然让他买到了，真是有心啊。"年轻女士边说边看那位男士，男士也听出了弦外之音，羞愧地不知道说啥，只剩下一脸的无地自容。女士点到为止，见好就收，趁男士女友看包之际，给了男士一个杀伤性的眼神，转身离开了。

  不做话语的终结者：别让他人教你做人。

7. "真诚"有时需要甄别

  我在拟定这个标题时有心酸、有悲哀。曾几何时，人与人相处连最基本的真诚都受到了质疑，试问世上还有什么可以相信的呢？出现这种情况的主要原因是，社会上一些人为了挣快钱，而无视法律、败坏道德、不择手段地欺骗坑害民众，虽然一部分人已经落入法网，但让人与人之间的信任也产生了危机。正常问路有人躲着，陌生电话不敢接通。有人问，这个世界怎么了？有人答，这个社会生病了。这一问一答流露出无奈的伤感。

暑假期间，有亲戚来北京探亲游玩，逛完街我们在商场一起吃晚饭，餐厅属于半自助，需要自己取餐，于是几个人一起去取餐，留下一人照看小朋友。在等待取餐的过程中，我随意往所用的餐桌看了一眼，发现餐桌旁边多了两个人，一男一女，年龄大概五十多岁，一人手里拿着拨浪鼓，另一人拿着布娃娃。当时我以为他们是卖玩具的，就没过去，但没有放松警惕，一直观察他们的举动。我看到亲戚与他们在交谈，小朋友拿着玩具。我知道他们取得了亲戚的信任。等我端着餐食往回走时，发现孩子距离亲戚有三米远的距离，亲戚正在打电话，没有注意孩子远离了自己，同时那两人四处张望，我直觉不妙，把餐食随手放在一个桌子上，朝孩子飞奔了过去，等我过去时，那个女人已经抱起孩子准备离开，于是我拦住了他们的去路，这时其他亲戚也跑了过来，围住两人并把孩子解救了下来。两人面对我们的质问，说抱着孩子买东西去，这借口明显不成立。我们考虑到孩子已经平安，就没有报警，训斥了他们一番，放他们走了。

回到餐桌大家一阵后怕，亲戚说："这世界怎么这样了，光天化日之下就敢拐卖儿童！"我说："这个社会病了，需要治疗了。"这件事给了我们教训，通过这次教训我得出一个警示——防人之心不可无。

近年来，电信诈骗及新型骗局愈演愈烈，已经影响到了百姓的日常生活，五花八门的诈骗手段，让人们防不胜防。国家有关部门一直在行动，对各类诈骗严查到底，以还百姓宁静生活。国家部门在行动，百姓自身也要防备，别贪图小便宜，别相信天上掉馅饼，别随意透露个人隐私，同时还要经得起诱惑，能识破坏人的伎俩，发现骗局要安全举报，受骗应立即报警。

骗子伎俩主要有以下几种：投其所好，人们需要什么他们准备什么；目标明确，针对男女老幼分别布局，以美色与金钱为诱饵，搞情色暗示或投资理财骗局；冒名顶替，假借公安干警、银行职员、亲朋好友、领导同事等身份行骗；敲诈勒索，假扮仇人进行威胁恐吓；心理战术，假称亲人朋友出事故，让当事人着急。前两种骗局都是以售卖产品为主，如保健品、化妆品、学习课程等；现实生活中的真实案例不胜枚举。

不做话语的终结者：与陌生人说话不能放松警惕。

8. 敏感话题有禁忌

词意有褒贬，话语有好坏。好坏与褒贬，体现的是人们对客观事物的认知态度，是对人对事做出的最终评价，评价结果依据的是人们制定的评价标准。如好事、坏事，以法律道德为标准进行区分，人们做好事得到赞扬，人们做坏事受到批评、惩处。

人们有对事物评价的权利，对于一般事情，话语深一点，浅一点都无伤大雅，但涉及敏感话题就要知道禁忌，别信口开河，招来横祸。涉及政治、民族、宗教、地域等敏感话题要做到心中有数，不能妄加评论。因对敏感话题发表不当言论而受到严重教训的人不在少数，所以，在任何场合与任何人说话都要紧绷"禁忌"这根弦。

某知名主持人的"视频门"事件，虽已过去好多年了，但带来的警示教育却值得人们谨记：任何情况下思想都不能放松，说话都不能随意。

2021年2月19日，解放军报发表长篇通讯《英雄屹立喀喇昆仑》轰动全国，引燃评论。人们纷纷对英烈的逝去表示扼腕痛惜，对五名英雄致以最崇高的敬意。然而，个别网民却对喀喇昆仑戍边英雄事迹肆意诋毁、歪曲事实，引起广大网民愤怒，后被群众举报，经公安机关调查属实，该网民被刑事拘留。

这两起事件，都因个人发表不当言论而受到惩处，我们应引以为戒。

日常话语中，以偏概全现象很普遍，本应针对一人发表观点，偏偏捎带上其他方面，民族、宗教、地域一个都不放过，这种现象通常这样表达：你们那里的人是怎样，你们民族的人怎样，你们的信仰怎样。殊不知，这样的话语带有强烈的歧视性，无端扩大评价范围，会引起众怒。

前几年，在某地就发生过这样的事件。一位在某地工作生活的外地男士，一家人本过着安逸的日子，却被他说出的带有歧视性的话语所改变。事情发生在他日常上班的路上，早高峰车多，他驾驶汽车驶入非机动车道，在违反交通规则的情况下，还不停按喇叭催促前方电动车主（本地人）快走，后来两人发生争执，这位男士对电动车骑手进行了辱骂，并称"就看不上骑电动的本地人"。就因这句话,他惹了众怒,有人把事件视频上传到网络上,视频迅速引起轩然大波,外地男士被人肉搜索并遭到多人围追堵截,为了自身安全,他选择去派出所自首,派出所外聚集千人,让他出来给个说法。后来这位男士被依法刑事拘留,并公开发声,赔礼道歉,同时辞去了单位的工作。

这本是一件小纠纷,却因一句话激起千层浪,给自己、家人、单位和社会带来了严重影响,最后自己还得承担所有责任。这样的事例不是个案,在很多城市、很多人的身边都经常发生,一句歧视性的话语,带来的后果不堪设想,不仅对他人造成伤害,自己也得不偿失。所以,遇事,对事不对人,说话不伤众,才是明智之举。

不做话语的终结者:说话要有底线。

(二)礼尚往来

中国自古以来就是礼仪之邦,尊老爱幼、尊师重教、礼贤下士、以诚相待,这些成语无不体现出文明大国的风范。

《礼记》有言"往而不来,非礼也;来而不往,亦非礼也",表明人与人相处要礼尚往来,不能单方面付出或收获,有来有往才能源远流长。

外交礼仪体现大国气度,文明礼仪彰显社会风气,家风家教呈现家族气息,道德情操展现个人魅力。礼仪,是一种文化,需要传承,也需要发展。在传承中发展,与时俱进;在发展中传承,开拓创新。中国泱泱几千年历史文明,有精华,有糟粕,继承精华,摒弃糟粕,才是符合时代发展之举。一些陈规旧俗不仅不符合时代要求,而且还成为人们生活的负担,所以要破除。

名目繁多的人情世故,铺张浪费的红白喜事,成为礼仪文化的痛脚,给人们生活增加额外负担。"婚事新办、丧事简办、不必要的事不办",这一举措的目的是,破除陈规陋俗,倡导文明新风尚,给人们减轻不必要的生活成本,让文明礼仪在新时代得到新发展。

礼尚往来,是人与人相处的基本行为,相处愉快才是最终目的。在我国,人们处事讲究好事成双,功德圆满,双方都高兴才能心满意足。所以,人们都在努力地维护"来之不易"的各种关系,变得有话不敢直说,忘记了什么是拒绝,受点委屈不算什么，还学会了自嘲精神。这些都表明，人们会因为怕失去某些事物而改变自己，主动迎合别人。

人与人之间的关系就那么脆弱吗？相处时不拒绝微笑，不讥讽谦虚，不嘲笑真诚，不辱骂坦荡，不为难友好，不批评正能量，与其小心翼翼，不如坦坦荡荡，做事有方式方法，为人有责任担当，守好原则底线，肯定会来日方长。

亲情也好，友情也罢，不管哪种关系，最好的相处是双方不累。不去主动迎合，就得学会自我把握，让说话的礼节起到四两拨千斤的作用。说话要恰到好处、要到位，什么该说，什么不该说，该怎么说，这些都是说话的礼节。

比如朋友之间相处，一位朋友找另一朋友办事，求人办事本应委婉和善，但他求人一副命令的口吻，让对方心生不快，这是话没到位，相应的礼节也没到位。关系再好也不能不拘小节，大家都高兴才是真的愉快。

1. 与人相处要互相体谅

一个好汉三个帮，与人相处要互相体谅，你来我往维护日常关系，循环往复保持友谊平衡。互相体谅，不仅体现在行为上，还体现在言语沟通上，思想支配行为，语言决定行为的高低，说话办事，话到位了，事情才好办。话到礼不到，礼到话不到，都达不到愉快相处的目的。

同事举办婚礼，发请帖成了难事，除去需要给他还礼的同事之外，其他同事，该邀请谁，不该邀请谁，让他头疼不已。一方面，考虑到繁多的人情世故让人倍感压力；另一方面，如果邀请的人不想去，没被邀请的人有意见，这也不好。思来想去，他想了个办法，借着午饭时间跟同事们说："本人下个月举行婚礼，按照'新婚新办'的倡议，我们的婚礼也简单办理，我特别想同事们去现场给我送去祝福，但考虑到大家都有妻儿老小，都要养家糊口，所以就不邀请大家参加了，为了感谢多年来大家对我的帮助，提前拿来喜糖与大家分享我的喜悦，另外，本周末晚上，在某饭店订了一桌酒席，与大家一起聚一聚，宣告我成功脱单，迈入新的生活。"说完开始给大家发喜糖，同时收到同事们的祝福。

互相体谅，除了考虑现实情况，不给大家添麻烦外，还要明确自己的能力，如果超出了能力范围，就不要勉强自己。

有位朋友，性格豪爽，心地善良，对于别人的好，他双倍奉还，为此他活得挺累。累，因为超出了自己的能力范围。比如吃饭这件事，就让他吃不消。朋友之间，吃饭聚会选择的地点都不尽相同,家庭条件好点儿的,选择餐厅就好点儿,一般家庭的也会量力而行,因为都是朋友,只为相聚成欢,所以大家心照不宣。可这位朋友不这么想,每次轮到他请客,挑选的餐厅都是高档的,好菜好饭、好烟好酒,生怕招待不周,明明是朋友,给人感觉像客人,几顿饭下来,只剩强颜欢笑。大家都知道他这一"小毛病",几人商量了一下,再聚会选择一般餐厅,方便时在家里小聚。朋友相处为愉快,不能让人徒增烦恼。

与这位朋友的大方相比,还有小气的,做事斤斤计较,与人相处一毛不拔,吃饭结账雷声大雨点小,几次相处人们就远离他了。

不管友情爱情还是亲情,相处过程中,都不能一味地单方面付出,保持相对平衡,才是处世之道。

不做话语的终结者:话到礼也到。

2. 别指望别人让着你

小朋友们都喜欢看动画片,喜欢听童话故事,在故事中找寻快乐,同时收获知识,懂得一些道理。好多故事的结尾,都以美丽的公主和勇敢的王子过上了幸福美满的生活而结束。

生活中，很多小朋友幻想着自己也是公主或王子，一举一动都扮演着童话故事主人公，相信很多人在儿时都有一个公主或王子梦。

成年人如果还做这样的梦，就脱离了现实，梦会变成病，"公主病"或"王子病"，病的常态是一副唯我独尊的模样，说话办事都要与众不同，总是等着别人先微笑，遇事爱搞特权，就算犯错也得别人让着他（她）。在家也许有人这样宠着你，在外可没人惯着你。

朋友们相约，一起去郊外度假，多年的朋友难得一聚，大家高兴极了，各自准备装备：住的帐篷、烧烤的用具等等，吃的、喝的、用的，足足装满三个车的后备厢，大家一路欢呼，向快乐出发。经过三个小时的跋涉，终于到达目的地，两座山中间的峡谷是自驾游的露营地，由当地旅游局开发。

下车后，大家兴奋地一阵狂吼，声音结束，就听到其中一位女性朋友的声音："谁选的鬼地方，也不提前说一声，害得我没拿遮阳伞、防晒霜。"有位朋友说："行程路线都发在群里了，你自己不看怨谁？"女的说："我那么忙，哪有时间看，哪像你们每天那么悠闲。"这时，有人出来打圆场，让大家赶紧干活，于是朋友们开始搭帐篷，准备餐具。

一小时后,帐篷搭好,开始烧烤,我们吃得津津有味,那位"公主"自己在旁边啃面包,说烧烤是垃圾食品会致癌,自己减肥就不吃了,大家相视一笑,继续边吃边聊。从中午吃饭,到晚上篝火晚会,属她的声音最特别,嫌弃虫子多了,篝火烟太呛了,人太杂了,全是她的抱怨声。同行的人都知道她的脾气秉性,男士们不会说什么,女士们受不了了,纷纷"弹劾":出来玩儿得照顾大家的感受,在家可以耍大小姐脾气,出来就得随大众;大家都熟悉你,不愿跟你计较,换作其他人谁惯着你这臭毛病;你总是这样,还能不能一起愉快地玩耍了……你一言我一语,把"公主"说哭了,一帮人又开始哄。虽然这次出行有些小插曲,但最后大家还是带着喜悦回到出发地。

在我们周围,不乏这样的人,本质都不坏,但就喜欢别人围着她(他)转,这让我想起小品里的一句话,"你希望所有人围着你转,你是太阳啊"。

不做话语的终结者:说话可以一鸣惊人,但不能唯我独尊。

3. 酒能聚情,也能伤情

俗话说,无酒不成宴,无客不成席。家庭聚会,朋友相约,待人接客，大家都喜欢把酒言欢、推杯换盏，因为中国是酒的故乡。酒，是一种文化，也是一种礼仪。中国的酒多得难以数清，饮酒时的规矩也有所不同，各地区、各民族都有独特的酿酒方式和饮酒习惯。

因为我自己酒精过敏，并没有真正体会过喝酒的乐趣，以至于被朋友调侃，"一瓶啤酒一喝就醉。我们喝着，你看着，性格贼差"。大家虽嘴上这么调侃我，但始终没有嫌弃过我，更没有劝过我喝酒，相聚只图乐，不图醉。

任何事物都有两面性，酒也不例外。酒能聚情，人们相聚时，酒是催化剂，能烘托气氛，把饭局推向高潮；酒能伤情，三杯五杯下肚，豪言壮语便出，饮酒前我是世界的，饮酒后世界是我的。言语不和，相聚变成打斗。当然了，每个人酒后的状态各不相同。有的喝完就睡觉，有的喝完爱唠叨，有的喝完吐真情，有的喝完耍酒疯。正可谓，酒前人生百态，酒后百态人生。因喝酒犯下错误的人不在少数，酒驾、酒骂、酒架，人们为此受到了"酒"的惩罚。

家中有位长辈，平时喜欢喝酒，酒友也多，酒局也多。过节时他与家人一起喝了不少酒，然后接着赶往下一场，我开车送他过去，在车上他睡着了，到达地点后我把长辈叫醒，告诉他到了,他揉眼看我,紧接着掏钱包找钱,一看我就乐了,他把我当成出租车司机了,这是喝多的节奏,不能再喝了,于是我开车把他送回家了。

这是关于家人的一个小笑话。接下来要说的故事,真的是酒后伤情。

平时我喜欢打篮球,在球场结识了几位球友,彼此相处非常愉快,有时间一起相约打球,打完球一起吃点喝点,每次仅限一瓶啤酒。一次打完球,边吃边聊,大家谈论着各自喜欢的明星球员,聊得很投机,又多点了几瓶啤酒,几大杯下肚,感性就上来了,开始争论哪个球员才是最好的,有人觉得不对劲了,想到此结束,可是争论的两人没有分出胜负,不肯罢休,于是又点了几瓶,边喝边较劲,在酒精的作用下,两人争执不休,几人相劝两人跟听不见一样,最终因言语过于激烈,两人打了起来,其他人赶紧拉架,周围的人都过来看热闹。本来是愉快相聚,最后不欢而散。从那以后,我在球场再也没见过他俩。

这样的事例,在"喝酒闹事"的事件中不算大事,但也不算小事,毕竟影响了几个朋友之间的友谊。更有甚者,因酒后打架斗殴被刑事处罚。

常言道，酒是粮食精，越喝越年轻，这里的年轻代表的是冲动，而非真的年轻。

人们都说，酒后看人品。在我看来，控制好喝酒的量，不被酒所控制，才是高尚的人品。

不做话语的终结者：酒肉穿肠话不过。

4．了解容易理解难

现在人们的生活越来越好了，钱袋子越来越鼓了，在物质相对富足的情况下，开始追求精神享受，论茶道、品美食、赏风景、学习各种才艺。有声语言艺术（传媒方向），作为大众艺术的一种，因其"方便快捷，好上口"，为人们所喜欢。比如朗诵，在大型演出、小型聚会及各种活动中出现，凝聚力量、陶冶情操。

人们都了解朗诵，真正懂得这门艺术的人却很少，但作为大众艺术，它能丰富人们的精神生活，这就够了。如果对人，只做到了解还不够，因为了解仅限于知道一个人的外在，比如年龄、性格、学历、处事风格等等，而理解才能洞悉一个人的内在，知道他（她）为什么这样处理事情，别人就不会对他妄加评论了。比如一个孩子犯了错误，大人在了解完事情经过以后，马上做出相应惩罚，这是对孩子的不公平，会让孩子受委屈，应该站在孩子的角度上，理解他（她）这样做的目的后再做决定，那么结果就不一样了。

有一个小男孩儿，在学校与同学打架了，大家都看到是小男孩儿先动的手，就认定是他犯错，老师听完同学们的话后，问是不是这样的，小男孩儿点头承认，于是老师把男孩儿家长叫过来，告知事情的经过，家长也认定是他错了，让他给同学道歉，可是小男孩儿含着眼泪坚决不道歉，家长一气之下打了他几下，男孩儿委屈地哭了。后来得知，那位同学骂小孩儿是个野种，小男孩才动手打了他，家长知道事情原委后十分难过。

这样的事情，在成年人的世界里也经常发生，究其原因，是人们对事物了解得不够透彻，仅凭经验或表面现象来下定义。

有位销售经理与客户一起吃饭，因常年打交道彼此很熟，用餐时，客户说有一项新的业务马上要推出，有意让这位销售经理来做，并且透露新业务利润很大，双方配合好了都能从中盈利，销售经理听出了言外之意，委婉地拒绝了客户抛出的"橄榄枝"，对此客户很不高兴，认为给你机会还不好好把握，又不是只有一家供货商，于是草草结束了这次用餐。

没过多久，新业务的招投标开始了，销售经理他们公司落标了，新的业务被竞争对手得到了。

从这以后，以往合作的业务也逐渐被其他公司取代，这让公司高层非常恼火，纷纷指责，同事们也认为，这位性格耿直、不懂变通的销售经理肯定得罪了客户，才导致业务下滑。这件事也被传到了销售经理妻子的耳中，在妻子的责问下他说出了实情，他表示，谁也不会跟钱有仇，但要取之有道，违反规定、触犯法律的事绝对不做，工作可以没，但底线不能丢。妻子听完理解了。之后，销售经理找到高层领导，面对面地说了这件事，领导认为他做得对，为了一时的业绩，不能断送了整个公司的前途。

生活中，有很多人对"不可思议"的事情大谈特谈，发表反对或质疑的声音，那是因为他们不了解事情的真相，自然也不会理解为什么会出现这样的情况。

作为一个人的亲人或朋友，我们不仅要了解他（她）的脾性秉性、处事风格，还要了解其所做之事的前因后果，理解做事的目的，再给予评价，才不失公允。因为懂得才是真正的了解。

不做话语的终结者：懂得，无声胜有声。

5. 有些事情不能说

"这件事,我只对你一个人说了,千万别告诉别人,千万啊。"这句话大家再熟悉不过了,相信每个人都说过,不管就事论事,随口而出,还是主动诉说衷肠,最后都不希望聆听者告诉其他人,说明说话者后悔了,因为料到这已不再是秘密了,只是寻求心里安慰罢了。

水面无风不起浪,世上没有不透风的墙,个人的秘密,只要被一人知道,周边相识的人都会知道。攻堡垒极其艰难,因有人把守;守秘密极其不易,因不攻自破。人们在交谈中,对别人提出的问题,会冷静思考再做回答,阐述自己观点时会脱口而出,一个被动,一个主动,所以秘密通常是在精神状态松懈时说出的。

在影视剧里,一些人挖空心思、威逼利诱都得不到的情报,却在某次的饭局酒会中,被掌握情报的自己人说出来了,正所谓不攻自破。

国家机密、商业机密,都是极其重要的事情,这些秘密永远不能对人说。前两者大家都知道,透露国家及商业机密,会受到法律的处罚。个人重要的事情不能说,原因是会产生不必要的麻烦,这也是人们对陌生人敢说真话,对熟人却不敢说的原因。

影视剧中，一对夫妻，白手起家，经过多年的奋斗，拥有了一家上市公司。好景不长，丈夫因过度劳累病倒，不久与世长辞，为此妻子痛心不已，公司经营也每况愈下。双重打击下，她变得少言寡语，但依然苦苦坚持，因为她自己不能倒，如果倒了，一切都付之东流了，所有困难也不能对外人说，说了就会产生麻烦，这一点她深深懂得。

接踵而来的事情压得她透不过气来，在一次家庭聚会时，她对家人说了现在的处境。之所以说，主要是想得到家人的安慰，并不是寻求帮助。家人听后确实给了她安慰，但各有心事，有的表示同情，有的幸灾乐祸，有的担心自己的股份。担心股份的把这件事透露给了其他股东，这让事件迅速发酵，一时间人尽皆知。股东们闹事，银行催债，合作方解约，竞争对手发难，股市狂跌，牵一发而动全身。这些情况的发生，只因几句话而起。

人生如戏，戏如人生。现实生活中，人们有各种各样的压力，解压的方式有好多种，但倾诉也要挑选好对象。

不做话语的终结者：学会与自己对话。

6. 谁认识你才重要

你认识谁不重要,谁认识你才重要。这句话是人们从社交中总结而来。认识,从人际交往的亲疏远近来说可以分三种:一是仅能识别的,如公众人物、初相识后再次见面者、街坊邻里等;二是基本了解的,如同事、合作伙伴、一般朋友等;三是关系亲密的,如亲密的朋友(闺蜜、兄弟)、亲人、师徒等。

现实生活中,人们往往把上述三种认识混为一谈,自以为是地认为与他人关系很好,主动聊天、求人办事,结果弄巧成拙,为此闹出很多笑话和尴尬的事情。这样的人,通常会把刚认识的而且比他(她)各方面都强的人视为"朋友",以认识这样的朋友为荣,在与他人聊天时,吹嘘又认识了一位强人,那位强人是如何了得,为多了个朋友、多了条路而沾沾自喜。

有位朋友,刚认识了一位从事演绎工作的人,这人主要负责当地演绎活动,拿到各种演出的门票对他来说轻而易举,包括大型文艺演出和明星演唱会。一次,一位著名影视明星要来当地举办演唱会,这位朋友主动请缨,在饭局上当面给负责演绎活动的"朋友"打电话,说想要三张演唱会的门票,那位"朋友"爽快答应了,并告知让他跟谁联系。通话结束,朋友洋洋得意，其他人没有言语。等到演唱会那天，我们三人去约好的地点取票，一位工作人员拿出一个信封，信封里有三张前排座位相连的门票，为此朋友更加荣耀，说了声"谢谢"准备离开，却被工作人员叫住了，说三张门票一共六千元，让付一下钱，朋友当场傻眼了，不解地问，这是你们总经理给的，还需要收钱吗，工作人员表示，这三张门票都炒到一万元了，给你们的是原价，要不是领导的关系，哪有这好事，说完看着我们三个。朋友当场愣住，尴尬地看着我们。我与另一朋友商量了一下，把门票钱给付了。

像这样误认为与他人关系很好的大有人在，比如邀请看似相处不错的人参加自己的婚礼，当把请柬递过去的时候，对方的眼神特别惊讶，意思是我跟你熟吗？这种尴尬的场景相信很多人遇见过。

花要盛开，蝴蝶自来。别人的优秀是别人的，只有自己变得优秀才能绽放魅力。

不做话语的终结者：心中有杆秤，说话自然明。

7. 情分与本分弄清楚

与人相处，互相帮助，这是人之常情，帮助是情分，不帮是本分，没有那么多"如若互不相欠,怎能今生相见"的道理。与人相见，不是为互不相欠而处，人与人相处，也不是为了"还债"而见。从初识到友谊，是意气相投、水到渠成的过程，属于日久生情，人们都会珍惜；以利结交的朋友，喜出望外、相见恨晚，因利而聚，为利而散。但现实情况有时截然相反。

不管是谁，身边都同时拥有真心实意的朋友和利益合作的伙伴。人们会对两种朋友区别对待，对利益合作伙伴大度，因为得罪不起，对持友谊之花的朋友小气，因为关系密切。这就形成了维护利益伙伴却冷落真正朋友的现象。比如找合作伙伴办事，合作伙伴表示办不成，人们会就此打住而不再麻烦合作伙伴。如果请朋友帮忙，朋友表示这忙帮不成，人们会心里不舒服，认为朋友能帮而不帮，两人关系为此疏远。

一位多年的好朋友找我给他公司的宣传片配音，当时我在外地出差，每天忙得自顾不暇，一座城市忙完还得赶去其他城市，而且身边没有录音设备，跟他说了这个情况，并且答应过几天回家第一时间给他录好。朋友表示比较着急，原本片子有人配好了，但不满意，所以找到我，让我拿手机给录音。考虑到手机录音效果不好，录音环境也不允许，而且时间很紧张，我就婉言拒绝了，同时推荐其他人给宣传片配音,他表示不用了,便结束了通话。

这件事发生以后直到现在,我们两人一直没有联系过,多年的好友,因一件小事儿让友谊搁浅,您说这事怨谁呢?

相信很多人都经历过这样的事情,友谊的小船说翻就翻,它没有被狂风巨浪打翻,却在风平浪静中被自己掀翻,真是可乐又可悲,友谊之船看似牢不可破,实则小风一吹就翻。

帮忙是情分,不帮是本分。这句话大家都懂,可是做起来难上加难。为什么呢?主要是因为朋友之间互相了解,我们在找朋友帮忙之前在心里做了评估,认为朋友有能力办好所求之事,自信多年的情分,朋友也不会拒绝,带着莫大的期许相问相求;当事与愿违,我们心里产生了落差,心生不快,便对友谊产生了怀疑。

当有求于人的时候,人们忘了一点,忘记了替他人考虑。忘记考虑别人的处境,忘记分析他人的现实情况,更忘了问自己"如果被拒绝了该怎么办"。

不做话语的终结者:说话不要期待自以为是的答案。

8. 别轻易为他人做主

我们周围有很多这样的人,自己的事情应接不暇,处理不完,却喜欢帮别人处理事情,这样的人通常拥有一副热心肠,爱打抱不平,关心他人的事情,比自己的事情还上心,不仅为他人出谋划策,还经常为别人做主,用自己的主观认知去评判他人的事情,影响了当事人的正常思路,让原本简单的事情变得异常复杂。

比如情侣之间闹矛盾吵架,当事人觉得只是因为一些小事,过几天就好了,可这时有人却说:"还没结婚呢就开始吵架了,等婚后不得打架呀,这毛病不能惯着,一定给他(她)点颜色看看,要不总以为你好欺负,听我的没错,你要是主动示好,别说我不认你这个朋友。"当事人一听有道理,就按照朋友的办法做了,"冷处理"这件事,可是等到的不是对方低头,而是以冷对冷,让事情雪上加霜。

人不是万能的,每个人都需要得到他人的帮助,有时需要别人来指点迷津,有时需要向别人诉说衷肠,大多数情况,求助他人不是为自己做主,而是为了成功做事保驾护航,为了走出困境厘清思路,所以,当他人有求于你的时候,要客观评价,不要轻易为人做主,这样才能助人为乐。

人的一生就是不断选择的过程,从穿衣吃饭到升学宴、婚宴,大大小小的事情都要进行抉择,像吃饭穿衣这样的小事，可以各抒己见，升学宴、婚宴这样的人生大事，不可随便发言。

我的学生高考成绩不错，面临填报志愿的重大选择，首先选择大学，经过多人分析有了答案，其次选择专业，经过层层筛选，最后面临二选一，一个是金融方向，一个是社会学方向，不知如何选择，经过征求多方意见无果，家长想听听我的意见。作为播音与主持专业老师，我对其他专业并不熟悉，没办法做出准确分析，只能从外围发表自己的观点。首先，询问学生自己的意愿，更倾向哪个领域；其次，又问了其他人对专业的分析；然后，说出我的观点，学习金融方向专业的学生很多，岗位需求也大，应该不愁就业；学习社会学方向的学生相对少一些，岗位需求不是那么多，但发展空间较大，加之学过语言艺术，在沟通交流上有些优势，更能发挥自身优势；最后，建议学生做一个全面分析，以自己和家人的意愿为主，以他人的意见为辅，对比两个领域的专业哪个基数大，总结后自己做最终选择。

学生最终选择了社会学方向，这是自己一开始的心仪专业，她很高兴，现在已经大学二年级了。后来她表示，做自己喜欢的事情是最幸福的事情。

人生，就像下棋，每一步都要慎重，当你举棋不定、犹豫徘徊时，你需要得到他人的帮助。作为帮助他人的人，也要客观慎重，毕竟前方的路不是自己的路，不要轻易为他人指路。

不做话语的终结者：不要为他人做主，因为你承担不起最后的责任。

（三）"语"你有缘

人是具有丰富感情的高级动物，亲情血浓于水，友情绽放光辉，爱情刻骨铭心，这三种感情是人的主要感情。我们首先感受亲情，随后结识友情，最后收获爱情。三种感情各有美好，唯独爱情与众不同。

爱情很特殊，她可以让人焕发青春、心情愉悦，也可以让人萎靡不振、伤心欲绝，她是魔鬼与天使的化身，她是良药与毒药的并存。人们容易得到爱情，却很难与其相伴终生。

有了青春期的情窦初开，人们开始感受爱情的存在，她犹如轻纱罗帐，朦朦胧胧；青年时期爱情狂热似火，人们体会到爱情的炽热，好比花开四季，美好真实。从情窦初开，到魅力绽放,这个时期的爱情,最为纯洁,最为美好。

一见钟情,那是萍水相逢的完美邂逅;日久生情,那是春暖花开后的瓜熟蒂落。花开一抹红,静静地绽放,有一种幸福叫地久天长。

人们都希望,完美的爱情能天长地久,那就需要彼此共同经营。她不像农田里的庄稼,辛勤耕耘过后就能五谷丰登;也不像工地上的建筑,添砖加瓦能垒出好多层。爱情就像温室里的花朵,细心呵护才能绽放美丽的花朵;爱情也像一件完美的艺术品,精心雕琢才能赏心悦目。

爱情,就那么脆弱吗?人世间,越美好的事物越容易破碎。邂逅爱情,呵护爱情,守护爱情,才能留住人世间最甜蜜的滋味。

1. 爱情需要守护者,也需要引航员

爱情属于人际交往过程中特殊存在的情感,通常情况下,从相识到相知,从相知到相伴,她需要走过蜿蜒崎岖的路程。人们都说爱情是两个人的事情,婚姻是两个家庭的事情,从现实来看,这话没错。虽说爱情是两个人的事情,但爱情依然需要我们保驾护航,除去爱人之间承担各自责任之外,双

方父母也是儿女情感的守护者。

父母都希望自己的孩子能找到如意郎君,能携手贤惠的妻子,这是天下父母的共同心愿。男怕入错行,女怕嫁错郎,这个"怕",让许多父母感到担心,以至于会过多干涉子女的感情问题,也使得子女会刻意回避自己的情感话题。

父母参谋而不参与,既有知情权,也能为孩子把关,同时尊重儿女的私生活。参谋而不参与,要从早着手。青春期孩子情窦开始萌发,对异性会产生好感,这时父母要积极引导,普及相关的知识,观察孩子日常行为,主动与孩子交流互动。很多人的热恋期发生在大学时期,大部分学生此时都要住校,大学生的私人空间瞬间扩大,他们自由活动时间充足,这为爱情创造了基本条件,出双入对成了大学校园的一道风景线。

大学入学前,家长朋友们要提前为孩子树立正确的爱情观:对于爱情要不抵触不回避。家长要正面与孩子交流沟通,像朋友一样无话不谈,握好手中的风筝线。这方面有的家长做得比较好,在此我们与读者朋友分享一下。

有位女学生的家长,对孩子的教育张弛有度,任何事都以引导为主,与孩子之间无话不谈,就像朋友一样,对于情感问题也从不避讳。高中时期,女儿班级有"早恋"的同学,女儿跟妈妈说了这一现象,家长问孩子有什么看法,孩子认为学习是要紧的,虽然有男生对她有好感,但也限于普通朋友的范围。大学入学前,妈妈主动与孩子谈话,告诉她大学的生活是怎样的,除了正常的学业之外,也许会遇到喜欢的男生,但是大学时期谈恋爱不能盲目,也不能冲动,要为自己负责,也为他人考虑,因为从大学恋爱到结婚的恋人屈指可数,自己要心中有数,拿捏不好时要跟家长说,家长会帮着她分析,为她保驾护航。

女儿明白父母的良苦用心,大学生活安排得井然有序,专业知识逐步提高,积极参加学校实践活动,遇事与家长随时沟通,大学四年过得很充实。大学期间她也有过互相喜欢的人,因不在一个城市,毕业分离她也安然自若。

中国有句老话,车到山前必有路,有些事情刻意为之不见得有成效,积极引导、帮助分析、良性沟通,也许船到桥头自然直。

不做话语的终结者:理解与尊重是交流的基础。

2. 边走边看边经营

路遥知马力,日久见人心。任何事物在时间面前都会显露本来面目,人也不例外,一颗本真的心弥足珍贵。善良是人的天性,与人为善,才能与人为伴,不管是友谊的伙伴,还是情感的伴侣,善良都是相处的基础条件。

爱情的日久见人心,不只是看一个人的品格,还要看其脾气秉性及处事风格,也就是人们常说的"投缘"。投缘,主要指是否与自己合得来。但爱情的力量,往往使人的感性胜过理性,情人眼里出西施,热恋中对方的缺点都是优点,往往感情用事,所以要学会边走边看边经营。边走边看边经营,是感性与理性并存,并且互相转换,不仅要珍惜那份美好,也要有理性判断,并使用恰当的方式方法去经营关系。

有位朋友,结识了一位心仪女士,两人互有好感,很快就投入了热恋。一开始,两人互相包容理解、情意浓浓,相处久了开始出现矛盾,矛盾点都是生活中的琐碎之事。比如约会,男方迟到几分钟,女方就抱怨男方不遵守时间;女方喜欢逛街购物,男方说"衣服多得都穿不过来还买,纯属浪费"。一来二去,矛盾逐渐升级,从抱怨到吵架,最后互看不顺眼,导致爱情夭折,两人痛苦万分。

虽然分手给两人带来痛苦,但是谁也没有忘记相处的时光,过了几个月后两人都冷静下来,在朋友们的鼓励下,双方再次见面,没有了往日的针尖对麦芒,看到此情景,朋友们找借口都离开了,给二人创造了空间。两人深刻谈论许久,互诉衷肠,彼此道歉,找出了问题的所在。爱情虽美好,但不能冲动,爱情需要磨合,更需要经营。一年后,这对有情人终成眷属,大家送上了最好的祝福。

这两位朋友是幸运的,因为他们总结了问题,懂得了爱情的真谛。很多人只享受了爱情的甜蜜和分离的痛苦,却没有用心经营以让爱情得到延续。

爱情,有时来得太快,让人们来不及准备;爱情,有时来得太晚,让人们苦苦等待。不管怎样,面对她时我们都得用真心去浇灌,用真情去呵护,才能让她绽放美丽,才能花好月圆。

不做话语的终结者:爱情不只是甜言蜜语,还有理性分析。

3. 言语投契的背后是心灵的共鸣

过去,谈婚论嫁讲究门当户对;现在,人们崇尚自由恋爱。传统旧有思想不会那么根深蒂固,但仍有不可小觑的痕迹。爱情是纯真而美好的,在物欲横流的时代,人们也得面对现实。精神需要寄托,生活需要物质,精神追求与物质追求相对平衡,是人们所向往的。

梁山伯与祝英台,让人们感触爱情的真谛;罗密欧与朱丽叶,让人们领略爱情的伟大。这两段坚贞的爱情,除了刻骨铭心之外,还流露出一丝苦楚和一剂悲凉,美好的爱情,赤裸的现实,结出凄美的花朵,繁花盛开过后,留下无尽的落寞。

每位女士都渴望遇见心中的白马王子,每位男士都期待邂逅梦中的白雪公主,可美梦并不易成真:有物质条件的束缚,也有精神追求的捆绑。

张雪,大学毕业后在国企工作,家庭条件不错,自身相貌和能力都很出色,事业上顺风顺水,唯独爱情有些坎坷。她在结束一段刻骨铭心的爱情后,对情感变得小心翼翼,身上披了一层防护罩,不愿再轻易走近爱情。许是造化弄人,在一次宴会上,不胜酒力的她,面对八方来宾的热情,感到力不足心,为难之际有位男士王超为其巧妙圆场,帮她化解了尴尬。男士的幽默风趣,让她丢掉了心存的芥蒂。她的内心如同平静的水面荡漾出一波涟漪。

宴会结束后,为了表示感谢,张雪邀约王超共进午餐,王超爽快答应。一个周末的中午,两人碰面,从用餐开始的陌生,到餐后的谈笑风生,经过短暂的接触,单身的两人已有些惺惺相惜。半年之后，他们将友情升华为爱情，对爱情抗拒的张雪，再次感受美好。可是好景不长，烦恼逐渐袭来，只因为沟通方式不同，情感不能再前进一步。

张雪说话不拘小节，王超说话细致入微，沟通方式成为双方矛盾的焦点。女方经常话说一半，没有下文；遇见问题逃避责任，不及时沟通；任何事情，都要找理由推脱。男方做事追寻完美，经常据理力争；说话点到为止，不直抒胸臆；习惯指手画脚，凸显自己。女方认为恋人之间应该随心自由，男方觉得彼此应当尊重理解。双方从热恋的互相包容，到熟悉后的彼此吐槽，让美好的情感出现裂痕，矛盾愈演愈烈。

包容，不是一味地忍让和退缩，而是建立在理解基础上的接纳；沟通，不是固执己见，针锋相对，需要耐心交流找出问题所在；理解，不是彼此伤害，而是相互配合共同进步；你说上半句，我知下半句，才叫懂得。

不做话语的终结者：说话的"门当户对"是心灵的契合。

4. 小"作"怡情，大"作"伤情

执子之手，白头偕老，相濡以沫，一世安好。这是人们向往的爱情，也是幸福美好的归宿。在现实生活中，人与人相处，再密切的关系也免不了磕磕碰碰，小打小闹是情理之中，冷战走极端就是互相伤害了。

每个人都有处事的底线和原则，但底线绝非是无底洞，当一个人忍无可忍的时候，必然做好了最坏的打算。有人恃宠而骄，就有人忍辱负重，物极必反，结果不言而喻。

生活中有句俗语，人不作死枉少年，指人们在年轻时要努力奋斗，勇于尝试新鲜事物，失败了还有回头路。它激励人们开拓创新，顽强拼搏。不作就不会死，也是人们经常说的一句话，指为人处事要留有一线空间，为了日后还能坦诚相见。

恋爱中，锅碗瓢盆的无意磕碰是生活的交响曲，有意摔碎，就成了爱情的悲剧。

李萌与王刚，从自由恋爱到一见钟情，两人出双入对，形影不离，让周边的亲朋好友羡慕不已。王刚的万般宠爱让李萌忘乎所以，她恃宠而骄，以自我为中心，经常对王刚招之即来挥之即去，俨然一副霸道总裁的模样。有朋友提醒李萌，别那么霸道，她毫不在意，长此以往，愈发任性，情感中唯我独尊，男方稍有反驳，她就大杀四方：一开始生气动怒，接着冷言冷语，后来"删除拉黑打入冷宫"，最后以分手威胁。

男方一忍再忍，一退再退，被逼到了悬崖边上，面对再一次的分手威胁，心灰意冷，做出了最后的决定：认为双方不合适，忍痛割爱，各自安好。面对王刚的这一决定，李萌起初觉得只是玩笑，根本没有在意，无所谓地答应了，认为跟以前一样，过不了几天王刚就得主动示好，为此还删除了王刚的联系方式，等待着王刚再一次登门道歉。

一天，一星期，一个月，李萌越等越慌，手里握着手机，按着永远忘不了的数字，回应的是手机系统的声音，"您拨打的电话无法接通"，她尝试几次，结果都是一样。慌张过后，李萌赶紧登录社交软件，发现对方已把她拉黑，她心里莫名地恐慌起来，脑子一片空白，瞬间泪如雨下，无力地瘫在椅背上。短暂的哭泣后，不顾妆颜，夺门而出，大雨中一路狂奔，洗刷了"霸道总裁"的光辉，雨线鞭打了昔日的"冰雪女王"，雨水与泪水浑然一体，她奋不顾身地奔跑只为抓住心中的一丝光芒。

曾经有一份真挚的爱情摆在我面前，我没有去珍惜，如果上天再给我一次机会，我会好好把握，而这个机会需要自己去努力争取。皇天不负有心人，面对一次次的婉拒，她没有放弃，用真挚的情感和不懈的行动，挽回了属于自己的幸福。

相比李萌的幸运，很多恋人却是因为任性付出了惨痛的代价。恋爱中,不管男方还是女方,都不能恃宠而骄,忘乎所以。

不做话语的终结者:伤情感的假话,会变成毁灭爱情的真话。

5. 巧妙进攻好过忍让退缩

生活就像一团乱麻,总有解不开的死扣,固执地找方法,不如流水解烦忧。爱情是生活的一部分,就像秀发三千丝,剪不断,理还乱,有苦有甜,这时,我们需要一把万能梳,梳顺头发,梳理心情。有些事,认真了,就输了,围追堵截,不如巧妙疏通。

认真,不是固执;认真,不能盲目。当遇见矛盾冲突,认真讲道理会变成针锋相对,忍让退步却换来变本加厉,不理不睬必然招致三尺冰冻。爱情,需要适宜的温度,需要肥沃的土壤,需要精心呵护,也需要去除杂草。愚者找寻答案,智者对症下药,尚方宝剑斩不断一颗反抗的心,一把小小的梳子却能促使血液循环,也能使造型变得美观。这把梳子,是智慧的语言,使用好了,就掌握了话语的主动权。人人都想拥有话语的主动权,但话语的主动权不是命令,而是对事态进展的灵活掌控。

恋人之间相处，有两个重要阶段。第一阶段，属于热恋时期，双方无理由包容彼此；第二阶段，高温过后优缺点自然显现，容易发生摩擦碰撞。许多恋人享受了热恋的甜蜜，却很难容忍美好过后的苦涩，小小的矛盾冲突，就能伤害脆弱的玻璃心，使爱情地动山摇，甚至崩塌。

恋人之间彼此真正了解，发生在第二阶段，没有了热恋时期的盲目感性，回归了自然冷静的理性，不断地争执磕碰，进入磨合阶段，这个时期如果平稳度过，爱情将更上一层楼。

徐曼与赵东，热恋过后的生活显得有些力不从心，由于脾气秉性不同，对待事物的角度各异，经常因小事发生争执，后来两人静心沟通交流，认真找出解决办法，起初双方各自克制自己，没过多久又起争执，为此两人疲惫不堪。

赵东平日里爱玩网游，游戏期间抽烟喝酒，熬夜更是家常便饭，徐曼为此头疼不已，好言相劝让他注意身体健康，赵东点头答应，行动却照旧不误。劝说无用，徐曼想了个办法，因赵东大学时期爱打篮球，于是她提出有时间一起运动，赵东一听有些惊讶，他知道女友不爱运动，但还是欣然接受。除了打球之外，徐曼还了解了网游，并且陪着赵东打了几次通宵，每次都是趴在电脑桌上睡着，这让男方受宠若惊，也明白了恋人的良苦用心，从这以后，两人户外运动越来越多，打网游的次数越来越少。徐曼善解人意，遇事主动积极引导，站在对方的角度考虑问题，这让两人的感情逐渐牢靠。

其实，话语的主动权就握在我们自己手中，关键是怎样使用，不同的应用，会有不同的效果。

不做话语的终结者：正确运用话语的主动权。

6. 清除心中不必要的账本

时间滴答在走步，日落日出往前行，往事随风已如烟，黑夜过后是晴空。抓住今天，莫问前程；展望明天，规划线路；忘记昨天，轻装上阵。知识增长靠日积月累，阅历丰富要经历沧桑，荣辱清零赛过心灵鸡汤。

每个人心中都有一个账本，记录人情世故的过往，记载一路成长的风景。当你沉浸昨天的荣光，不代表明日还有辉煌。回忆蹉跎岁月的感伤，表明只争朝夕的渴望，清除不必要的账单，才能使自己心明眼亮。很多烦恼是忘不了过去的悲伤，很多快乐是丢掉了以往的惆怅，懂得及时行乐并砥砺前行，前方道路会更加宽广。

与人相处，懂得"记账"，也要学会"清账"，记住别人对自己的好，忘记自己对别人的好，记住美好事物带来的快乐，忘记糟糕郁闷带来的苦涩。

爱情的刻骨铭心，是悲喜交加的极致，爱得有多深，伤得就有多重，与其躲在角落舔舐伤口，不如直视问题好好相处。

打人不打脸，骂人不揭短，人们都知道，可是很难做到，原因很简单：心中不痛快。人们在吵架时，仇恨的力量直线攀升，不把对方置于死地，决不罢休，在意什么说什么，以往的陈芝麻烂谷子，都可能翻出来晒一晒，最终导致互相伤害。

姜珊与孟伟两人把这一点发挥得"很好"，每次发生争执，都把过去的账目拿出来抖一抖，快乐的美好一个没记住，不好的事情历历在目。一开始只是姜珊算账，后来孟伟跟着对账，女方说男方小心眼，男方认为女方无理取闹，可是一来二去，伤害的是他们自己，不仅自己生气动怒，还影响恋人之间的感情。

相信很多恋人都有过这样的经历，把对方的种种不好都记录得清清楚楚，把他人的过错累积叠加成一条底线，过了这条线绝不饶恕，轻则怒目相对，重则分道扬镳。殊不知，这样的做法，完全忽视了自己的错误，当我们给对方"算算数"时，对方同样也会做"加减法"，算来算去，亏的还是自己，这一点很多人心里都有数。

生活的琐碎小事,经常围绕着人们转来转去,孰是孰非,很难说清楚,恋人之间不是原则性的对与错,就不要把它形成"账目",这样的"账目"会成为情感的束缚,懂得清零会有莫大的好处。

不做话语的终结者:记录点滴甜蜜,凝聚爱情堡垒。

7. 不要为了爱情而轻言

人生在世,待人接物,有所为,有所不为,每个人心中都有杆秤,衡量利弊,决定取舍。我们不能用自己的标准,来评判他人的事情,也不能为了追寻不可能的结果,失掉了自身的尊严。

年龄越大,我越来越发现:我们自己能决定的事情少之又少,摆脱束缚,渴望自由,是多少人心中的呐喊。我们不能改变环境,就得适应规则,身在围城,有进有出,有多少事是不得已而为之,尽力是最好的答案,结果的好坏也就不强求了。

值得与否,是人们衡量做事的价值取向。值得,我们会拼尽全力;不值得,我们也会知难而退。我们经常不理解他人做事的方式方法，那是因为我们不明白别人的做事准则。存在即合理，这句话自然成为简单的道理。

人们会为了自己认为值得的事情而努力，所用的方式方法因人而异，有人方法恰当自然水到渠成，有人剑走偏锋却误入歧途，还有人不顾法律底线去以身试法，不管何种做法，我们自己都得接受最终的结果，承担相应的责任。

每个人都向往真挚的爱情，但爱情需要男女双方一起努力，共同维护情感的天平，如果天平出现倾斜，就打破了爱情的平衡，导致一方高高在上，一方负重而行。负重而行的一方，内心也想要天平保持平衡，其所承受的压力不言自明。

如果把恋爱分为三个等级，爱情的天平就很清晰：三级，找一个自己喜欢的，自己付出会较多；二级，找一个喜欢自己的，对方付出会较多；一级，双方互相喜欢，共同付出。如果有第四级，那就是一厢情愿。当然，这不是绝对的，而是相对而言做出的大致划分。

享受爱情的甜蜜是双方的共同权利，恋爱中的人们离不开你侬我侬的甜言蜜语，也不乏悲天悯人的卑微乞求，甚至还有虚与为蛇的花言巧语。

你甜言，我蜜语是爱情的催化剂，双方都能感受。用卑微乞求和花言巧语换来的爱情必然不会长久，而且两种话语都属轻言。卑微乞求，刻意讨好，这种别人施舍的爱情，是对自己不负责任；花言巧语，巧言令色，这种用手段获取的爱情，是对对方不负责任。

爱情是两个人的事，如果你要凭一己之力维护情感，走不了多远，要知道强扭的瓜不甜，失去平衡的爱情只是一厢情愿，与其疲惫不堪，不如各自心安。

不做话语的终结者：用爱发声，绝不轻言。

8. 内部矛盾内部解决

俗话说，好事不出门，坏事传千里，家丑不可外扬。人们说话，除了日常交流沟通之外，还有互相倾诉，吐槽自己的遭遇，清理心中的垃圾。倾诉对象，都是能说体己话的，有闺蜜，有兄弟。作为倾听者，有的出言安抚，有的出谋划策，还有的为当事人做主，不管怎样，都是出于一片好心。

现在为了治理环境，垃圾开始分类处理，那么个人心中的不快，也要区别对待，不要为了一时痛快而口无遮拦，最后解决不了问题，伤害的是自己，还有可能影响与他人之间的友谊。

杨女士身旁有几位要好的闺蜜，有时间几人就会聚在一起谈天说地，每次话题最终都会落在生活琐碎的鸡毛蒜皮上。在一次聚会中，大家纷纷吐槽自己的烦心事，别人说话都是点到为止，这位杨女士，也许是心中的苦闷压抑太久了，把自己的遭遇和盘托出，生活的琐碎，爱情的坎坷，种种的不快，一股脑倾泻出来，让大家惊讶不已。因为在她们心中，杨女士的生活状态是最好的，当得知现实情况，几位好友很是诧异，一边安慰，一边劝说。

没过多久，周边的好友都知道了杨女士的境遇，她也成为人们谈论的对象，虽然那次吐槽清除了她自己心中的很多烦闷，但是也给她带来了苦恼，再与朋友们相聚，尴尬的情绪占据了她的心里，渐渐地她与几位好友有了隔阂，拉开了距离。

还有一位男士，酒桌上向哥们儿倾诉自己的情感，说了女友的许多不好，任性啊，公主病啊，花钱大手大脚啊，兄弟们看他过得不快乐，开始纷纷谴责他女友，并表示，天涯何处无芳草，何必单恋一枝花，不要为了一棵树，失掉了整片森林。朋友的话语，让他产生了分手的念头，有了这样的心态，他再与女友相处时，态度变得很强硬，没有了往日的温柔，两人的矛盾继续激化，稳固的爱情开始慢慢动摇。

心理暗示，是心理学一个专业术语，是指人们发表的言论，无形中会影响当事人的判断和抉择，它是人们日常生活中最常见的心理现象，它有两面性，有积极的一面，也有消极的一面。所以，人们在征询他人的意见时，想一想有没有必要将自己的情况和盘托出；在听取别人给出的建议时，也要对话语有所筛选，才能得到自己想要的答案。

不做话语的终结者：自己的事，自己定夺。

☆**本篇小结：**

人生在世小事多，有的没的别瞎说；

实事求是别去"作"，戳破难受扎心窝；

亲朋好友桌前坐，酒肉穿肠话别过；

街坊邻里庭门落，友好相处事好托；

爱情有悲也有乐，好事多磨修正果。

结 篇

细节彰显品格

做事有方向，成败在细节。当人们做一件事时，最想要的是结果，结果好与坏，关键在各环节的细节配合。小到一顿饭，大到攻坚克难，"火候"的分寸拿捏，决定事件的成败。

人们做事，好比摄影师拍摄影像。全景是战略规划；中景是阶段目标；近景是工作部署；特写需紧抓细节。一套完整的"组合拳"，需要各环节无缝衔接。

做事，需要硬件设施，需要不同人才，需要相互配合，需要语言沟通。得当的话语交流，为人们架起一座坚固的桥梁，帮人们穿针引线，起到积极作用。

一件事的成功，离不开人的专业技能，也离不开良好的语言表达能力。良好的语言表达能力，不需要阿谀奉承，也不是夸夸其谈，更不能生硬回怼。良好的语言表达能力，需要一语中的，清晰表达，讲究方式方法，灵活机敏，话语恰到好处，不高不低。一个人说话时，对话语的分寸拿捏到位，会使交谈氛围融洽，引起他人积极响应，这是良好表达能力的体现。

言语谈吐，彰显一个人的品格。通过话语，人们能知道他（她）对事情的具体态度，也能了解一个人的处事水平，同时反映出这个人的格局。

格局的高低，是个人做事水准的体现，但最终落在语言表达上。语言表达，是人们的有声名片，代表了个人的自身素质。我们说出的话语不是让某些人拍手叫好，而是让大多数人理解认同。所以，说话水平的高低，直接影响个人的处事水准，决定了他人对自己的评价。

不同的人，同说普通话，水平不一，语言表达的强弱，也因人而异，有的侃侃而谈、思路清晰，有的只言片语、词不达意。这主要受性格、环境、职业、阅历等因素影响，也因个人目的不同而态度各异。每个人都希望有一张"能说会道"的嘴，以满足日常生活需求，彰显个人魅力品格。

和谐社会，需要和谐之声。良好的语言表达能力，不仅为了方便自己更好地服务他人，也为了方便他人更好地服务自己。

共筑温言之城，说话从细节开始。

1. 我们需要精准的语言表达

精准扶贫目的是精准脱贫。关键落在"精准"两字上。精确识别、精准帮扶、精准管理，为打好脱贫攻坚战奠定了基础。

精准就是不要粗犷，为的是提高效率。说话同样需要精准的语言。"大概""差不多""估计""也许"等词语是表达预判，并不准确，这往往跟人们总结的经验有关，经验固然重要，但现实需要精准。

早年我与同事一起外出拍摄采访，出发前我问同事："拍摄影带够吗？"他回答："差不多，应该够用。"从他言语中我听出了"也许不够用"，所以我又带了两盘备用录影带。到了拍摄现场我们才发现，采访任务很重，最后连备用的带子都用完了。同事说幸亏有备用的带子，要不然可是误了大事了。

生活中我们经常听见这样的话语："我真的不是这个意思。你听我解释。你误会我了。"这些话语，究其原因是人们在言语交流中表达的语意不明确导致的。一个表情、一个语气、一个词语使用不恰当就会使原本语意偏离，话语传递的意思随之发生变化。

朋友去餐厅见相亲女友，点完菜女士说："你看我咋样？"这句话问的范围比较广，朋友以为问"好不好看"，直接说："你呀，猛一看挺难看，越看越像猛一看。"其实他想表达"越看越好看"，谁知说错话了。女士一开始还笑着，仔细一琢磨朋友说的话,很生气地说:"你骂我难看!我让你评价,我也没让你说我长相啊!"朋友赶紧解释我不是那个意思。接下来两人陷入争辩中……

  这件小事就是因为两人表达的语意不明确和用词错误造成的,口不择言以至于偏离了各自的本意,也闹出了笑话。生活中类似的事情有很多,所以,说话时我们需要精准的语言来表达我们的思想和语意。

  不做话语的终结者:语言精准才能表达原本语意。

2. 突出重点,提高效率

  人们处理事情时会把事情分等级,从重要到不重要。重要事抓紧办,不重要的事缓办,这是正常规律。如果把顺序颠倒过来就会耽误重要的事情。说话也需要突出重点、言简意赅。

  有位朋友说话就像讲童话故事,从前往后说,铺垫特别多。一次,我们约好周六下午去动物园摄影,大家分别从家里出发,出发前他给我打电话,意思是他相机的电池坏了,去买没买到,让我多拿一块电池给他。原本一分钟的通话拖了半个多小时,从发现电池坏了开始,到去买电池,买电池发生了什么事,再到没有买到电池,最后他才决定给我打电话。以至于我们双方都未按约定时间到达，没有找到最佳拍摄位置。如果是闲聊肯定没问题，但办事时这样说话效率就会大大降低。

我去某单位拜访一位领导，刚准备敲门，看见门上贴了一张纸，纸上写了一句话："只做选择题，不做判断题。"经过了解才知道，以往员工汇报工作大都汇报过程，没有展现相应成果，以至于很多人参与其中，意见不统一，事件进展很慢。于是单位决定，专事由专人来负责，拟定好几套方案让领导来作决策，选择可行方案大家去执行，这样做既提高工作效率又节省双方时间。

"只做选择题，不做判断题"，这句话同样适用于人们日常言语交流中。

比如吃饭这件事，问大家午饭吃什么，不同人有不同建议，商量半天也不知道吃什么，白白浪费了时间。如果换成"今天午饭咱们吃火锅还是炒菜"，并说出哪家餐厅，让大家做选择，很快就有了答案。

选择题是选择已有答案，落子执行；判断题是分析事件未来发展方向，举棋不定。所以，我们在说话时要让人多做选择题，少做判断题，同时做到说话突出重点、言简意赅。

不做话语的终结者：闲聊随意，沟通交流需直奔主题。

3. 掌控好说话时的语气

柴米油盐酱醋茶，是生活的味道。喜怒哀乐惊恐悲，是生活的滋味。遇见什么样的事情，就会表现什么样的情绪，表达什么样的话语，就用什么样的语气，如果语气使用不当，也会造成不必要的麻烦。

有一位记者在高速路上遇见一起重大交通事故，现场很惨烈。出于职业敏感，她拿出手机打开视频进行"现场报道"。视频的背景是车祸现场，记者非常专业地描述现场情况，第一时间把信息传播给大众，提醒人们出行一定要稳驾慢行，体现了一名记者的职业素养。可是这条视频引起了广大网友的不满，主要原因是她现场报道的语气不够严肃。本是一起悲惨紧张的事件，她的语调轻松，流露出自己置身事外的感觉。

说话语气状态不同，被回复的话语也不同。

公交车上一位男士不小心踩了一位女士的脚，女士看了男士一眼，意思是"你踩到我了连一声道歉都没有吗？"男士看到了说："不就是踩了你一脚吗，至于这么看我吗？"女士："你踩到我还不道歉，还理直气壮。"接下来可想而知了，俩人在公交车上吵了一路。

在现实生活中，有很多情况人们说话会言不由衷，有的可能是故意为之，有的纯属无心，不管哪种情况，听者都会有意，了解你的人会听出弦外之音，不了解你的人会心生芥蒂，有的人揣着明白装糊涂，不去斤斤计较，有的人是真糊涂却自以为明白，以至于歪曲本意。只有说话心口一致，才能顺理成章。

不做话语的终结者：说话的语气决定了他人对你的态度。

4. 选词造句要加以斟酌

人们出门前都会对自己精心打扮一番，衣着的搭配，妆容的选择，头型的打理，都显示人们对生活的态度，以愉悦的心情与人沟通，也是一种礼仪。说话也一样，搭配优美的词句能够体现语言的美丽。词句搭配不是华丽辞藻，不是咬文嚼字，而是用语得当，前后一致。

我有件至今记忆犹新的事。当时我还在传媒单位工作，一位男主播换了新发型，大家都夸赞他的新发型好看，有一位女同事也赞誉他："新发型真好看，显得特别精神，皮鞋也亮，西服也帅，加上这精致的五官，简直就是新郎官。"男同事笑得合不拢嘴。女同事接着说："就是吧，这个发型很干练，但是显得个子矮了，你本来就是五短身材，这样更矮了，你去买个增高鞋垫吧,要不找不到女朋友。姐说的是实话。"男同事刚刚还表示感谢,听完这番话脸色一变,默不作声。

显然女同事前后话语"配比"不一致,就像一身商务正装脚下踩了一双人字拖,让当事人尴尬不已。

还有一位播音主持界的同行在主持晚会时,用"牛鬼蛇神"几个字来调侃欢迎各位到场的嘉宾,此话一出,场面顿时一片唏嘘。

我们都知道,不同场合需要不同的话语来回应,遇见不同的人有不同的表达方式,说话本是一件简单的事情,但越简单的事情越容易出错,有时精心准备的语言会弄巧成拙,有时无意之中的话语会有出其不意的效果,不管出于何意,说话之前都应该加以斟酌。

不做话语的终结者:词句得当,话语才得体。

5. 音量和语速要适中

一部电影从故事发生到剧情高潮再到影片结尾,这三部分组合给观众呈现了一个完整的故事情节,引起人们的共鸣。贯穿影片始终的是台词,台词随故事情节的发展而产生变化。台词属语言艺术,它从生活中而来。生活中我们都演绎着自己的故事，说着自己的台词。

生活中的语言不必像台词那样充满艺术化，但也要给人以足够的"精彩"。说话语速音量要适中、情感表达要起伏、停顿连接要合理，这是基本要求。如果达不到基本要求，就会使听者不舒服，不愿意继续话题。比如，语速过快或过慢、语言平淡没有色彩、一口气说到底或断断续续，都会给听者造成疲惫状态。说话就像吃饭一样，不能顿顿都吃一样的饭菜，荤素得搭配，菜品要经常调整。

我是北方人，北方人说话普遍音量比较大，我家人说话比大多数北方人说话音量还要大，我们就曾因为说话音量大造成了别人的误解。有一年，我们举家到南方亲戚家过年，过年人多热闹，嗓门一个比一个大。除夕中午，正当我们把酒言欢不亦乐乎时，听见敲门声，开门一看是邻居，邻居表情很着急，见到我家亲戚后把他叫了出去，一会儿工夫，亲戚笑着回来了，坐到餐桌前说："隔壁邻居以为咱们打起来了，在门口犹豫了好长时间才决定敲门进来'劝架'，谁知他看见咱们有说有笑的，不明白发生了什么事情，这才把我叫出去。"听完我们都大笑起来。

人们处在紧张和惊恐中说话时就会显得急切，越急切就越说不出话来,或说出的话不是那么全面,这与说话者当时所处的环境有关。日常交谈中语速过快,大多是急于表达自己的感受,这时就忽略了谈话对象的感受。过快的语速不仅达不到传递信息的准确性,也使接收话语信息者不能完全消化信息。

语速过慢,听者着急。有位小品演员叫磨叽姐,在小品中说话的语速特别慢,而且慢得离谱,像龟速。跟她对话的人被她的"龟速语言"折磨得"死去活来",营造出诙谐幽默的场景,让人开怀一笑。若是生活中出现这样的情况,不知听者会做出怎样的举动。

不做话语的终结者:说话要让听者舒服。

6. 说话有温度,生活有色彩

语言是文字的升华,它赋予横平竖直的方块字以色彩,丰富人们的生活。快乐时它给你幸福,悲伤时它给你安慰,迷茫时它给你指引,潦倒时它给你激励。语言是温情的天使,无时无刻不陪伴在人们身边。作为语言使用者的我们,就应让它落地开花,结出美丽的果实。

人类缔造了世界,不同情感需要不同语言色彩去表达,如果语言没有了色彩，就如同看电视时只能看黑白电视，色彩单一，令人乏味。

外国人初学中国话时说出的话很生硬，所有声调都发成一声，这样的语言只能发挥简单的交流沟通的作用，没有语言色彩。

语言色彩是什么呢。它是人们表达情感时的温度。这种温度随说话的内容而发生变化。比如，说开心的事儿语言是欢快的，说难过的事儿语言是消沉的，等等。如果说出的话一成不变，听者的感受就不强烈，传递的信息也不会明朗。

有一位男性朋友长相很好，五官端正，身材适中，衣着得体，人也有朝气，唯独说话平铺直叙，给人一种"冷漠"的感觉。

哥几个去自驾，一行六人，两辆车。一早六点出发，开到中午下起雨来，决定在就近的高速口下高速。下了高速看见一村庄，准备去那里吃午饭，村庄是土路，又赶上下大雨，路面非常泥泞，一辆车陷在泥地里出不来，于是我们决定找人救援。此时，远处来了四个村民，他们拿着铁锹帮忙清理淤泥，车脱困了，我们和村民衣服都淋湿了。我们几人都很感激，正当准备说话时，那位朋友先开口了，他说："谢谢你们帮助我们把车弄出来，这是三百块钱表示谢意。"话说的没错，给钱也是应该的,就是说话没有温度太平淡让人产生了误会。听完这番话再看到钱后,一个村民开口了:"小伙子,我们帮你不是为了钱,你们城里人别瞧不起我们乡下人,我们虽然没你们有钱,但是我们知道冷热,钱你收起来吧,我们走了。"说完几个人拿起铁锹转身离开了。

只有我们几人知道朋友的话是什么意思,同样的话如果能够加些温度结果就不一样了。

不做话语的终结者:说话增添一抹色彩,生活还你一片斑斓。

7. 建立信息传递的桥梁

我们在听收音机和看电视时,会觉得播音员和主持人的话语让人舒心,我们也愿意听,也会觉得他们说话在说给我们听。这是为什么?声音好听是经过长久的语音发声训练;让人愿意听是播音员和主持人与听众、观众建立了虚拟的交流互动关系。它借助传播平台与广大受众"隔空交流",并给听众和观众预留了接收信息和处理信息的时间,专业里我们称之为对象感。这要求传播信息者积极调动话筒前的状态,做到心中有受众,出字有真情,声声入耳。

我们谈话就是与人交流,在互相交谈时也应注意给对方留有接收和处理信息的时间。

有位销售人员想把产品销售到一家单位,他与这家单位负责人约了好久终于得到了回复,对方同意与他见面。双方见面互相介绍以后,这位销售人员开始介绍他的产品,从产品的性能、优势、价位到包装都说得很具体,可谓一气呵成。说完后,这位销售人员看着负责人,等待回话。负责人只说了一句:"你口齿流利,介绍得很具体,但是我没有记住什么。"这句回话宣告了这次销售任务以失败而告终。

说话,除了自言自语外,其余的对话都是与他人进行交流,人们为了达到目的,使交谈顺畅,会选择比较舒适的环境,这表明双方重视此次对话,如果舒适的环境是人们沟通的硬件,那么说出的语言就是交谈的软件,语言的表达要衬托舒适的环境,舒适的环境是为了完成对话的目的。精心准备,有问有答,循环往复,才能使话题延续。

不做话语的终结者:说话要给听者留有接收和处理信息的时间。

8. 水满自溢,话满则亏

厨师烹饪美食最重要的是控制好"火候",火候的精细掌控，对美食的味道起到关键作用。说话就如同烹饪美食，需要控制好"火候"，拿捏好分寸，这就是人们常说的"度"。

火候与度都是看不见摸不着的东西，只能依靠感觉。说话的度就像打太极拳一样，有阳有阴，有实有虚，刚柔并济，四两拨千斤。中国人自古以来，为人处世都讲究"内方外圆"，高手过招也是点到为止，为的是不伤害彼此。说话也是如此，水满则溢，话满则亏。一个典型的事例：每个人都会感冒生病，一个不怎么感冒的人与正在感冒的人说我从来就不感冒，结果刚说完没几天自己也感冒了。说话不能太绝对了。

我身边有一位朋友对人不会说"不"，只要别人有求于他，不管自己能不能办到，他都应承下来，他认为别人有求于自己是瞧得起自己，说明拿他当朋友，得给别人面子。"没问题，放心吧，包在我身上"是他的口头禅。他刚买的新车朋友要借走开几天，他痛快地答应了，回家跟爱人说朋友要借车用几天，爱人说："新车我都没开呢，你就想借出去，我不同意，还有你啥事儿都往身上揽，也不知道几斤几两，再这样下去日子没法过了"。答应别人的事儿没办成，两边都得罪了，自己也不好受。

我在加油站加完油去交钱，正巧看见一位顾客和服务人员吵架，原因是服务人员弄错了数字多收了几块钱，服务人员发现后已经及时把钱退给了顾客并赔礼道歉。那位顾客认为，是服务人员故意多收钱，不依不饶的言语中带有强烈的攻击性，于是两人发生了争执，争执最后升级为"全武行"。有人报了警，双方都被带走了。百姓常说"有理不在声高"，这位先生不仅声高而且还动用了拳脚，最后谁也不落好。

生活就是锅碗瓢盆，难免会磕磕碰碰，不能为一时之快，逞匹夫之勇。

不做话语的终结者：说话有度，量力而行。

9. 有了定位才有方向

传媒单位为了更好地满足受众的需求，针对不同受众群体开设了不同板块栏目，有时政新闻、综艺娱乐、社教服务等，这是节目定位。根据节目定位，播音员与主持人使用的话语就不同，儿童节目轻松活泼，老年节目温暖关怀，白天节目激情昂扬，夜晚节目静谧交谈。节目定位了才有节目风格，说话定位了才有说话方向。说话定位就像车载导航一样，输入目的地才能到达想去的地方。

说话定位是要知晓谈话对象是谁，也就是你跟谁在说话，是工人农民还是领导干部？是亲人朋友还是不相识的陌生人？这里所指的定位不是"见人说人话，见鬼说鬼话"，而是指说话要有大方向。比如哥们儿之间、姐们儿之间说话大多都比较随意、不拘小节，要把与哥们儿姐们儿说话的状态用在与长辈、领导说话上肯定是不合适的。所以，说话不能一成不变，也不必刻意冷落讨好。说话是在尊重与平等的基础上针对不同群体、不同职业、不同事件，发表相应的言论。

谈话对象明确了，说话的方向就有了，这是基本定位，这种定位方式可应用于日常言语交流。如果谈论具体的事情，还要了解谈话对象对事件动态掌握的情况，以及他对事件的态度是怎样的。比如与公司领导谈集体涨工资这件事，首先要考虑公司发展情形怎样，同事们的业绩怎样，物价有没有上涨，多长时间没有涨工资了，同行业薪水的高低等因素。如果公司发展很好，员工业绩很高，大家都为公司着想等条件都满足，那么就可以与领导交谈涨工资这件事，而且还得讲究方式方法，如果条件不具备就不必张嘴了。

不做话语的终结者：说话前做好相应准备。

10. 让沟通回归现实

我们现在正处于信息爆炸期，每个人都是信息的生产者，也是传播者，我们每天关注社会大事小情，并被各种信息所包围。如果身边人谈论的话题你不知道，就好像你与这个世界脱节了一样。手机已成为人们接收信息传播信息的第一工具。我们每天醒来，家人之间不是互相问候，而是各自拿起手机看有没有未读信息，夜晚睡前浏览各大网站，与手机互道晚安，出门可以不化妆不打扮但不能不带手机，因为离开手机会觉得心慌没有安全感。可谓一机在手，天下拥有；外挂器官小手机，日常生活好伴侣。

人们除正常工作和学习外，会把大量的时间都用在关注信息、了解信息、制造信息、掌握信息上，用在其他事情上的时间就会减少。发圈儿会精心修图，再配上"深思熟虑"的文字，发出去后还得关注有多少人点赞和评论，做这件事情比做任何事情都有耐心。

有一位妈妈在和孩子说话时看着手机，孩子问："您跟我说话为啥还看着手机呢？"妈妈回答："妈妈正在看一篇'心灵鸡汤'，写得可好了。"孩子说："您看别人的心灵鸡汤，那我的心灵又给谁看呢？"妈妈说："你一个小屁孩儿才多大？

有什么心灵鸡汤？把学习抓上去比什么都强。"孩子听完妈妈的话后无言地回了自己的房间。

这件事以后孩子就不怎么和妈妈说话了，而且写作业时还经常玩玩具，妈妈问为什么，孩子说："您和我说话可以看手机，为什么我写作业不可以玩玩具呢？"后来妈妈认识到问题的严重性，及时改正了。所以，日常生活中我们需要净化沟通环境。

一位朋友因家庭和工作压力很大，经常失眠，而且情绪低落，几位不错的朋友把他叫出来一起吃饭，想缓解一下他的压力。一开始他不愿意说自己糟糕的事情，怕影响我们的心情，后来一位朋友开始说起自己的遭遇，接下来大家都表达出自己的不快，这位朋友也分享了他的事情。大家听完，帮助他分析了原因，找了几个解决问题的办法，他也释然地露出了笑容。

这两件事情是发生在我身边的真事，一位是我的学生，一位是我的朋友。人们说世界最长情的是陪伴，陪伴不是陪着办自己的事情，而是相伴并有耐心的言语交流。

不做话语的终结者：把发圈儿的耐心用在面对面交流上。

11. 行事严谨，言语宽松

我们做事都希望得到他人的认可和赞扬，哪怕失败也想得到人们的鼓励和安慰。现实中，有一部分"完美主义者"做事对自己高标准、严要求，喜欢用自己的角度去衡量他人，如果发现他人做事有不足或纰漏就针锋相对，言语中流露出不满和批评。我或许就曾是这样的人。

离开播音岗位后我从事了教学工作，学生们（多为高中生、大学生）给我起个外号叫"魔鬼教官"，说上我的课就像进了"魔鬼训练营"，专业训练时他们各个胆战心惊，就怕达不到要求，被教官"毒舌"以待。私下相处学生们觉得我很和善，一上课就"眼里不揉沙子"，看似幽默风趣的课堂实则"严厉狠辣"，学生们是又爱又怕。

一开始我还不觉得有问题，后来在教授低龄儿童和成年人（多为参加工作的人）时发现了问题所在。一味地追求"成绩"而严格要求，孩子们接受不了，容易影响他们的积极性，成年人觉得老师不留情面，有抵触情绪。于是我自己进行了反思，调整了授课方法，有严有松，多鼓励少批评，效果完全不一样了，孩子们积极性大大提高，成年人也努力配合，我自己的教学目的也达到了。

后来我把教学中的方法运用到社会人际交往中,这样做使我觉得受益良多。五指长短不一,都有它的作用,不同的人都有他的优点和长处。

简单道理人人都懂,但未必能说到做到,懂得却做不到,也许是缺少自主意识,如果把劝说他人的意识转化为提示自己的意识,相信每个人会有很大成效。

不做话语的终结者:严于律己,宽言待人。

写在最后

书已至此,总算完结了,感觉灵魂被掏空了一大半。几个月来回想起很多往事,仿佛就发生在昨天。夜以继日的"键盘行动"让我有些疲劳,但最终还是收获了一些果实,把想说的话,想表达的情感基本抒发出来了。因水平有限,理想与现实有所偏差。事已如此,算是尽力而为了,也就不那么难过了。

说话可以很容易,我们不用费力,话语便可脱口而出;说话也可以很困难,因为它既考验我们的思维表达能力,更检验我们的办事效率。从创作伊始,到本书终结,我感触最深的是说话体现格局。格局的高低,都由话语来决定。为人处事,成功的语言表达可起到事半功倍的作用。

我们经常叹息他人出色的表达能力，殊不知，个案不代表普遍现象。包装过的语言只能出现在舞台上，百姓生活中并不存在。说话是人自有的能力，起跑线人人都一样，只是运用方法不同，带来的效果自然也不一样。所以，与其膜拜他人，不如提高自己。

姿态放低一点，友好的目光就会多一点；表达用心一点，效率就会提升一点；多一点坦荡，就多一点自信；多一份实事求是，就少一份自圆其说；多一份耐心，就少一份急躁；多一份赞扬，就少一份反驳。

人不分高低贵贱，说话理应平等，这平等的前提是互相理解和互相尊重，但在现实生活中，人们会受到一些因素的束缚，例如职业、身份、地位、财富等等。这些因素决定了说话者的态度，见人下菜碟，是另一种随机应变，显得过于功利，以至于普通的表达有了多重标准，也使得简单的交流变得越来越复杂，甚至呈现出"模式化"，少了些许人情味。

认知自我和正确审视自己，是一种能力。人们经常对别人的事发表自己的观点，却很少剖析自己的事情，更忘了自我批评的重要性。如果能正确审视自己，那么再评论别人就会谨言慎语。

每个人都希望自己的话语能有分量，说出的话能起到举足轻重的作用，但这并非易事。如果想让自己的话被他人认可，就得具备相应的本事，如自身的表达能力、对事物的理解程度、话语的准确性、说话最终起到的效果，这些都会决定自己发言的分量。正确认知自我，就会知道我是谁，我能做什么，所以，提升自我综合素质，才能拥有更多的话语权。

人与自然和谐共生，是这个时代的主题。和谐共生，首先要做到人与人之间和谐相处。温言能起到穿针引线的作用，说教、指责、功利、敷衍的话语，人们听得太多了，已经麻木了，该让诚挚的话语回归自然了，拥有友好、真诚、尊重、快乐的话语交流氛围，相信是很多人的心声。

共筑温言之城，从你我开始。

武海志于北京

2021 年 7 月